AF298847

ÉTUDE

SUR LA VALLÉE LORRAINE

DE LA MEUSE

PAR

J. VIDAL DE LA BLACHE,

Capitaine breveté au 20e Bataillon de Chasseurs à pied
Docteur de l'Université de Paris

---

13 figures dans le texte
8 cartes et planches hors texte

PARIS

LIBRAIRIE ARMAND COLIN

5, RUE DE MÉZIÈRES, 5

ÉTUDE SUR LA VALLÉE LORRAINE

DE LA MEUSE

COULOMMIERS

Imprimerie PAUL BRODARD.

ÉTUDE
SUR LA VALLÉE LORRAINE
DE LA MEUSE

PAR

VIDAL DE LA BLACHE

Capitaine breveté au 20ᵉ Bataillon de Chasseurs à pied
Docteur de l'Université de Paris

13 figures dans le texte
8 cartes et planches hors texte

PARIS
LIBRAIRIE ARMAND COLIN
5, RUE DE MÉZIÈRES, 5
1908

Etude

sur la

Vallée lorraine de la Meuse

PREMIÈRE PARTIE

LES CONDITIONS ANCIENNES DE LA VALLÉE
ANCIENNE EXTENSION DU BASSIN

CHAPITRE I

La vallée de la Meuse est une vallée témoin.

L'image de la partie orientale du bassin parisien et de son annexe le plateau lorrain, sculptés par des crêtes concentriques où les argiles et les calcaires du Trias, du Jura, de la Craie, du Tertiaire, alternent, et bornés par les massifs anciens des Vosges et de l'Ardenne, est une notion familière. Notion trop familière, parce que cette série d'auréoles nettement sculptées et bornée par des massifs anciens forme un cadre commode dont l'esprit ne se détache pas volontiers. Cette base de nos jugements n'a cependant rien de fixe. Nous voyons aujourd'hui le bassin parisien en un point de son évolution, plein des ruines du passé et sous une forme qui n'est pas encore entièrement développée. Ce n'est pas un cadre formé par la nature. Car les forces dont nous constatons l'effet, érosion, contraction du globe, ne subissent pas de cadre. Elles déforment et détruisent sans cesse selon que la prépondérance d'une durée toujours limitée est à celle-ci où à celle-là.

A l'intérieur du globe, la contraction produit des plissements et des déplacements de terrains énormes que la sédimentation cache, mais que le retrait des mers et l'érosion fluviale révèlent. A la surface du globe la pesanteur développe incessamment l'érosion des cours d'eau. L'équilibre qui paraît atteint est proche d'une transformation totale déjà commencée. Une forme est détruite quand d'autres déjà apparaissent. Les rivières se développent jusqu'au moment où, ayant aplani le profil de leur lit à la demande de leur niveau d'embouchure, elles atteignent un état d'équilibre gros de dangers pour elles. Leur force d'érosion a disparu avec l'arrêt de leur croissance. D'autres rivières ont grandi autour d'elles et conquièrent leurs eaux.

Mais cette lutte incessante entre les cours d'eau est traversée par des épisodes souvent décisifs produits par l'inégale résistance des matériaux de la surface et par l'architecture intérieure du sol que l'érosion met au jour. Des montagnes comme l'Ardenne ont été formées par plissements et déversements dans l'intérieur du sol. La contraction du globe et le retrait des mers les ont fait une première fois apparaître et une première érosion fluviale les a aplanies. Des sédiments marins les ont recouvertes de nouveau. Mais ailleurs la contraction du globe a fait rejouer d'anciens voussoirs, érigé une montagne, les Vosges, et créé des conditions de surface telles qu'un réseau hydrographique se déroule des Vosges vers la mer qui se retire de l'Ardenne. Voici donc la lutte qu'on croyait ensevelie avec un des lutteurs qui va reprendre entre la rivière et la montagne du passé. Peu à peu les progrès de l'érosion font réapparaître l'ancienne Ardenne après la dénudation du dernier dépôt marin de sa surface. Celle-ci se creuse donc lentement, mais la dénudation des terrains moins résistants qui la séparent des Vosges ne marche pas de pair avec son creusement. La dénudation du plateau lorrain avance plus vite et expose la rivière qui des Vosges coulait vers l'Ardenne à être captée et détruite par les rivières rivales avant qu'elle ait atteint sur tout son cours son profil d'équilibre. C'est la revanche de la Montagne sur la Rivière. Telles sont les phases de la lutte sans cesse instable et mouvante que l'état actuel des connaissances permet d'entrevoir.

En s'inspirant de ces idées, après W.-M. Davis et Cornet, est-il permis de voir dans la Meuse, rivière tout à fait insolite du bassin parisien, le témoin de l'évolution des rivières et des surfaces dans la partie orientale de ce bassin?

Il est évident que la série d'auréoles du bassin parisien auxquelles on reconnaît tant de propriétés, n'a pas eu celle de guider la circulation des eaux. Les rivières du bassin parisien dans leur convergence vers Paris atteignent de front ou de biais les falaises et en suivent très rarement le pied. Leur établissement a donc précédé l'état de sculpture où nous voyons aujourd'hui le relief. Établies sur des pentes aujourd'hui disparues et subissant la loi de la pesanteur, elles se sont maintenues dans leur lit originel à travers monts et vaux. Quelles étaient donc ces pentes primitives qui guidaient les cours d'eau? Quels raprapports y avait-il entre les Vosges, le plateau lorrain, le bassin parisien et l'Ardenne?

Du Bassigny à l'Ardenne la Meuse ne quitte pas les plateaux jurassiques qui constituent la partie occidentale du plateau lorrain. Elle y naît et les traverse de part en part. Cette partie de son cours, la Meuse lorraine, présente donc une véritable unité.

Ce cours de 250 kilomètres montre toutefois un caractère insolite par son indépendance à l'égard des réseaux voisins, Seine et Moselle, et par l'extrême étroitesse de son bassin, un véritable couloir qui ne s'élargit qu'à l'Ardenne. Comment cette longue queue de rivière succédant en amont au large bassin belge se serait-elle créée sans affluents et comment aurait-elle pu subsister? Et alors par quelles captures d'affluents a-t-il pu se former une rivière semblable, véritable rivière « témoin » d'un système disparu? D'autre part, quand on compare la Meuse actuelle au débit réduit avec l'ampleur et la profondeur de sa vallée, il ne vient pas à l'esprit qu'elle ait pu être l'ouvrier d'un pareil travail. Quelles eaux supplémentaires ont donc renforcé la Meuse dans le passé? L'érosion a-t-elle laissé sur le relief lorrain les traces de ces affluents? D'où venaient-ils? Comment ont-ils abandonné la Meuse, par l'effet de quels voisinages?

L'évolution de la vallée de la Meuse et celle de la partie du Plateau lorrain qui l'encadre étroitement apparaissent donc comme des questions connexes et ne s'éclairent que si l'on porte les regards sur les Vosges toutes proches, qui sont encore l'agent actif de l'érosion sur la moitié mosellane du plateau lorrain.

Si la Meuse est d'origine vosgienne, quelles amputations a-t-elle subies de ce côté qui sont les causes probables de sa maigreur actuelle?

D'autre part pourquoi ne coule-t-elle pas vers le bassin parisien d'une façon conséquente avec la pente des couches?

Pourquoi coule-t-elle perpendiculairement au plongement des couches vers l'Ardenne? Quel niveau de base l'attirait dans cette direction?

Enfin si elle n'a pas laissé de traces d'un cours dirigé du côté du bassin parisien, en a-t-elle du moins reçu des affluents?

Telles sont les questions posées dans cette étude.

La question de l'origine vosgienne de la Meuse n'est certes pas nouvelle. Elle fut traitée par tous ceux qui observèrent l'extension des galets de roches vosgiennes sur le Plateau lorrain en dehors du bassin de la Moselle et les traces d'érosion passée que porte la topographie lorraine, notamment par les collaborateurs à l'œuvre d'Élie de Beaumont.

Boblaye, en 1829 (*Mémoire sur la formation jurassique dans le nord de la France*), paraît être le premier qui, remarquant la présence de galets vosgiens dans la vallée de la Meuse, ait attribué à cette dernière une origine vosgienne.

A. Buvignier surtout, dans la série de travaux qu'il publia de 1840 à 1852, fut l'observateur très exact des dépôts d'alluvion vosgienne dans la vallée de la Meuse.

Ci-joint les principaux passages où il traite cette question :

« Les cailloux vosgiens, dit-il, sont très abondants à Montfaucon et à Cunel, à près de 300 mètres au-dessus du niveau de la mer, en des points où la pente générale est dirigée vers la vallée de l'Aire et dans la direction d'un col qui communique avec par Saint-Georges et Saint-Juvin, où les cailloux vosgiens se mélangent aux alluvions anciennes de la vallée. D'un autre côté on les retrouve à peu près au même niveau sur le plateau de gaize des deux côtés de la Biesme, depuis Beaulieu jusqu'à Vienne-le-Château. Ils sont *moins abondants* dans cette région où ils ont dû pénétrer à travers les plateaux du Jurassique supérieur par quelque dépression premier indice des cols de Saulx, de Fresnes-au-Mont ou de Heippes... (*Stat. Meuse*, p. 93.) Au fur et à mesure que la vallée de la Meuse s'approfondit, les dépôts de roches vosgiennes se formèrent à des niveaux moins élevés. (Ouvr. cité, p. 94.) A 30 et 40 mètres au-dessus de la Meuse *les grès bigarrés* deviennent abondants ; enfin, dans les dépôts qui règnent souvent à 10 et 20 mètres au-dessus de la rivière, les cailloux plus petits appartiennent *surtout aux roches granitiques*; ils sont disposés en lits plus ou moins réguliers dans lesquels sont intercalées quelquefois des veines de graviers calcaires provenant des roches qui constituent les flancs de la vallée... (*Id.*, p. 92).

Godron, en 1877, fit remarquer les particularités topographiques des environs de Toul dans son mémoire : *Du passage des eaux et des alluvions anciennes de la Moselle dans les bassins de la Meurthe et de la Meuse.*

Depuis, Douvillé, dans la feuille de Nancy de la carte géologique au 1/80 000ᵉ, Fuchs, dans la feuille de Commercy, Wohlgemuth, en 1889, dans la note lue à l'Association française pour l'avancement des sciences, ont admis la communication ancienne de la Moselle avec la Meuse aux environs de Toul, par le Val de l'Ane, déjà indiquée par Buvignier.

L'origine vosgienne de la Meuse paraîtrait donc admise, si une vieille contestation soulevée par Braconnier en 1823 (*Description des terrains de Meurthe et Moselle*) n'avait été renouvelée par Bleicher en 1900 (*La vallée de l'Ingressin*, Ann. Géog., tome X), au moins dans les termes étroits où la question est généralement posée : communication de la Moselle avec la Meuse par le Val de l'Ane, tandis que, d'autre part, dans ses nombreux écrits, Bleicher reconnaissait la présence de galets vosgiens dans la vallée de la Meuse. Au mois d'août 1898 les membres de la Société belge de géologie, auxquels on demanda si la Moselle avait pu couler à contrepente de 235 mètres, cote prétendue de ses derniers dépôts, à 265 mètres, cote du Val de l'Ane, répondirent que rien dans ces conditions n'autorisait le passage de la Moselle par le Val de l'Ane, non sans qu'un des leurs, M. Lorié, n'ait fait, dans le Bulletin où cette question et cette sentence furent rapportées, des réserves sur la façon vraiment trop exclusive dont Bleicher présente les faits.

Il n'est donc pas oiseux de reprendre la discussion dans son ensemble et dans ses termes particuliers; preuves de l'origine vosgienne de la Meuse, passage par où s'est faite la communication de la Moselle avec la Meuse.

Mais par quelle méthode?

Les alluvions de l'amont, c'est-à-dire vosgiennes, retrouvées dans le cours aval, sont évidemment un témoignage convaincant. Mais, pour donner à ce fait le développement que cherche l'esprit, il faut aussi que ces alluvions concordent nettement avec des traces d'érosion fluviale dans la topographie et qu'on puisse rattacher ces traces à la vallée de la Meuse. Partout où l'ancienne topographie n'a pas été complètement effacée par les eaux, il reste dans ses formes usées un souvenir des conditions du passé. Un cirque d'érosion conservé aux niveaux supérieurs, une forme de vallée sèche à ces mêmes niveaux, sont le cadre où l'on cherche l'alluvion qui justifie l'existence de ces formes. Si les alluvions anciennes et les témoins d'érosion fluviale qui sont restés incrustés dans la topographie actuelle coïncidaient partout, il serait facile de reconnaître l'ancien cours de la Meuse. Mais les témoins d'érosion ne montrent pas toujours des alluvions anciennes en abondance. D'autre part la reconnaissance des dépôts d'alluvion ancienne aux niveaux supérieurs est très incomplète. Elle est presque impossible dans les terrains boisés, réduite à l'époque qui suit la moisson dans les cultures. Souvent aussi ces alluvions ne sont mises au jour que par les terrassements.

L'essai d'interprétation qui suit est fondé sur l'observation directe de la plupart des dépôts de surface d'alluvion ancienne de la vallée de la Meuse en particulier aux environs de Verdun, sur les observations reconnues très exactes de Buvignier dans sa statistique de la Meuse et des Ardennes, sur un sondage à la recherche d'une nappe d'eau potable du lieutenant-colonel Arnoux[1],

1. Chef du génie à Verdun en 1905, à l'obligeance duquel je dois des renseignements précieux et inédits donnés en plusieurs endroits de cette étude.

dans l'alluvion de la vallée de la Meuse à Verdun, sur différentes observations relatives à la présence de graviers vosgiens dans la forêt de Haye (Travaux d'adduction d'eau de la chefferie du génie de Toul) et au sommet des côtes de la Moselle tant vers Charmes, Saffais, Bayon en amont (voir Raulin, *Mémoires Soc. philomathique de Verdun*) qu'au-dessus d'Arnaville, de Pont-à-Mousson [1] en aval.

Ce sont là les points d'appui de ce travail, sans doute trop rares pour lui enlever un caractère trop spéculatif. Mais il en est de l'histoire des cours d'eau du passé par l'examen des témoins d'alluvion comme de la lecture d'un texte effacé. Il faut interpoler et suppléer à tout ce qui manque. On ne peut se passer de l'hypothèse avec ses risques et périls, si l'on ne veut pas se borner à la constatation stérile des faits locaux sans enchaînement mutuel.

1. Renseignement communiqué par M. Gallois, professeur à la Sorbonne.

CHAPITRE II

Les alluvions vosgiennes.

Peut-on délimiter en surface et en altitude la zone
occupée par les alluvions vosgiennes dans la vallée de
la Meuse et aux abords de celle-ci, sur cette moitié
occidentale du plateau lorrain qui échappe au drainage
de la Moselle, par conséquent au ruissellement actuel
des Vosges? Mais d'abord qu'est-ce que ces alluvions
vosgiennes?

Bien que la carte géologique au 1/80 000ᵉ comprenne
sous la rubrique « alluvions anciennes » aussi bien les
quartzites du grès vosgien que la « grouine », c'est-à-
dire le cailloutis calcaire à flanc de coteau, nous ne
désignerons sous ce nom que celles qui sont strictement indépendantes du terrain où elles reposent,
manifestement apportées par les eaux. Il sera question
de la grouine à propos des côtes de Meuse.

Les alluvions anciennes sont composées en majeure

partie de quartzites[1] du grès vosgien qui représentent les débris roulés en galets des roches anciennes sur lesquelles le grès s'est déposé. (*Notice de la feuille d'Épinal au* 1/80 000e.) Elles comprennent des quartz blancs et des galets de grès, ceux-ci moins nombreux que ceux-là parce qu'ils ont moins résisté à l'usure du temps. Ces galets de patine ancienne ont en général toutes les dimensions, depuis celle du poing jusqu'à celle d'un œuf de poule et d'un grain de café, et présentent ainsi tous les états du roulement et de la trituration. Il ne s'y mêle quelques galets de porphyre et de granit que dans les terrasses inférieures de la Meuse. « Dans la vallée de la Moselle le caractère lithologique des alluvions reste constant à tous les niveaux..... Elles sont constituées par des sables à éléments principalement granitiques et des graviers où l'on retrouve dans les hauts niveaux les galets blancs caractéristiques des alluvions supérieures de la Meuse. » (*Notice de la feuille de Commercy au* 1/80 000e Remarquons que l'alluvion strictement meusienne, le quartzite, ne se rencontre que dans les hauts niveaux de la vallée de la Moselle, tandis que le granit est répandu aux niveaux inférieurs. On peut en inférer que les débris du granit constituant la masse des alluvions inférieures de la Moselle, tandis que la vallée de

1. Quartzite : roche à éléments quartzeux sous ciment.

la Meuse est pavée de grès quartzeux, celle-ci présente les débris d'une dénudation antérieure à celle-là. La dénudation a d'abord enlevé la couverture des grès avant d'entamer les noyaux granitiques des Vosges. Et si une faible quantité de ces galets de granit qui constituent l'alluvion de la Moselle a pu passer dans la Meuse, c'est un indice en faveur d'une union de la Moselle et de la Meuse antérieure à la dénudation du granit et de leur séparation vers l'époque où la dénudation du granit commença.

Des réserves ont été faites sur cette rareté du granit dans les alluvions vosgiennes de la Meuse. Le granit facilement décomposable a pu ne pas résister à un transport aussi lointain et de date aussi ancienne. D'autre part Bleicher [1] fait remarquer la forte proportion de granit qui existe dans les alluvions anciennes de la Meuse vers Létanne et Beaumont. Cependant les hautes terrasses de la vallée de la Moselle (Bois l'Abbé à 395 mètres) présentent la même prédominance des quartzites [2], et ceux qu'on trouve sur la chaîne vosgienne de la rive gauche de la Moselle sont identiques à ceux de la vallée de la Meuse. Si, d'ailleurs, le quartzite domine dans les hautes terrasses de la vallée

1. Extr. *Bull. soc. belge géol.*, t. XIII, 1899, p. 95.
2. De Lamothe, Étude comparée des systèmes des terrasses des vallées de l'Isser, de la Moselle, du Rhin et du Rhône (*Bulletin de la Soc. géol. de France*, 4ᵉ série, tome 1, 1901, p. 324).

de la Moselle à 100 mètres et plus au-dessus de la rivière[1], le granit compose la plus grande partie des moyennes terrasses à 50 mètres au-dessus de la rivière et les alluvions inférieures qui n'ont jamais eu d'issue dans la vallée de la Meuse.

Toutefois beaucoup des galets quartzeux de la Meuse peuvent ne pas être originaires de la chaîne même des Vosges, mais des terrains triasiques qui l'enveloppent du côté lorrain. On trouve dans le grès infraliasique des poudingues de grès quartzeux. Dans les deux cas ils ont subi un transport, puisqu'on les trouve aujourd'hui sur le jurassique. D'autre part, on trouve, d'après Bleicher[2], des galets de roches dont l'équivalent n'existe plus dans les Vosges, ce qui n'a rien d'impossible, le travail de l'érosion depuis des temps reculés permettant d'admettre que certaines roches aient été rabotées complètement. Ces réserves faites on peut appeler alluvions vosgiennes les alluvions anciennes issues tant des Vosges actuelles que de leur ceinture triasique, ou peut-être encore des Vosges du plus lointain passé aujourd'hui disparues.

Le premier examen de ces alluvions anciennes présente tout de suite une difficulté de répartition. D'une part on en observe par traînées dans le lit et sur

---

1. *Bulletin de la Soc. Géol. de France*, 4ᵉ série, tome I, 1901.
2. Bleicher, *Guide du géologue en Lorraine.*

les flancs des coteaux qui encadrent la vallée de la Meuse comme dans la vallée de la Moselle. C'est le site de la majeure partie de ces alluvions dont les rivières actuelles ont de toute évidence fait le transport.

Mais on en observe aussi sur les plateaux avoisinants des taches plus ou moins éparses. Dans le cas de la vallée de la Meuse le fait ne se présente que pour les dépôts qu'on trouve à l'Ouest de Verdun jusque sur l'Argonne, à 20 kilomètres de la Meuse, que leur éloignement de celle-ci, beaucoup plus que leur altitude, rend difficilement explicables par la Meuse même. La difficulté augmente encore si on considère les vallées où on les trouve (Aire et Biesme) qui semblent privées de tout rapport avec ce canal d'alluvion vosgienne qu'est la Meuse. Bleicher levait la difficulté en appelant ces dépôts du Diluvium des Plateaux. Mais le mot grandiloquent de Diluvium implique l'idée de cours d'eau. Si ces dépôts n'ont pas de rapport avec les vallées actuelles, ils dépendent nécessairement des anciennes vallées. Buvignier admettait plus logiquement que ces dépôts tiraient leur origine des variations de tracé des cours d'eau actuels.

Le Diluvium, puisqu'il faut l'appeler ainsi, exprimerait les conditions de ruissellement qui préludèrent aux vallées actuelles. Ainsi des dépôts les plus éloi-

gnés des vallées actuelles à ceux qui les suivent fidèlement, on observerait les différents régimes des
eaux courantes de la région depuis le ruissellement
diffus et torrentiel sur une surface fortement inclinée,
jusqu'à la fixation du cours par le creusement des
vallées quand celles-ci commencèrent à s'équilibrer.
Mais, pour que l'hypothèse des variations de cours
fût acceptable, il faudrait pouvoir en faire la preuve
par l'aspect topographique de la surface ce qui n'a
pas lieu, aucune communication n'apparaissant entre
la Meuse et l'Aire, *a fortiori* la Biesme.

C'est précisément dans ces alluvions vosgiennes
les plus éloignées de la vallée de la Meuse qu'on
observe les blocs les plus volumineux à 150 kilomètres des Vosges, à 300 mètres d'altitude. On a
trouvé des blocs aussi gros arrachés aux montagnes
du Morvan dans le Diluvium de la Seine au champ de
Mars[1]. Leurs dimensions considérables paraissent
leur assigner une origine torrentielle. C'est par che-
minement au milieu d'une masse de galets sous la
poussée d'un courant violent qu'ils ont pu arriver si
loin des Vosges. Or on trouve dans les Vosges actuel-
lement du Diluvium à 800 mètres d'altitude[2]. On en

---

1. Lapparent, *Traité de Géologie* (2e éd.), p. 1238.
2. Delebecque, Contribution à l'étude du système glaciaire des
Vosges françaises, p. 12 (*Bulletin des services de la carte géologique
de France*, t. XII, 1900-1901, n° 79).

trouve à 150 kilomètres en ligne droite des Vosges, à 300 mètres d'altitude, sur l'Argonne, ce qui donnerait une pente de rivière de 2 mètres par kilomètre. Sur l'Avison, le Spiémont, l'Ormont, à Château-Lambert, à la cote moyenne 800 mètres, enfin même sur le Haut du Roc, à 1 000 mètres d'altitude, on trouve du Diluvium.

Ces blocs de grès vosgien jaune ou brun rouge, grossièrement arrondis et tout pénétrés de galets de quartz, dont les dimensions sont de $0^m,20$, $0^m,30$, $0^m,40$ et qui pèsent une dizaine de kilogrammes, se rencontrent soit à la surface des champs dans les labours, soit à 1 mètre environ au-dessous lorsqu'on creuse des terrassements. Dans ce cas ils sont généralement emballés dans une poche de sable qui les sépare du terrain environnant quand ils sont sur la gaize, ou dans une argile rouge quand ils sont sur le calcaire portlandien. Dans les villages entre l'Aire et la Meuse ils servent de bornes au coin des rues ou sont employés à faire des pots. Ils ne sont pas isolés. On trouve toujours dans les alentours des galets ou du cailloutis quartzeux du type de la Meuse.

Ainsi caractérisés ces dépôts éloignés s'alignent principalement sur la crête Montfaucon [1], Nantillois,

1. Buvignier, *Statistique de la Meuse.*

Cunel (300-250 m.), entre l'Aire et la Meuse et à une dizaine de kilomètres au plus de la Meuse, au pied des témoins de gaize. Ni leur altitude, ni leur éloignement de la Meuse ne créent pour ceux-là une grosse difficulté à les attribuer à la Meuse, puisque tout le long de celle-ci on trouve du gravier vosgien à 300 mètres d'altitude, à des distances, il est vrai, beaucoup moindres de la rivière. Mais franchissons cette crête qui met une barrière mal percée d'une centaine de mètres d'altitude entre la Meuse et l'Aire, et nous serons étonnés de trouver des galets de quartz en aval dans la vallée de l'Aire, à 200 mètres d'altitude, au Ravin des Pierres entre Saint-Juvin et Champigneulles[1], sur l'astartien; du cailloutis vosgien mêlé de blocs en amont entre Couzance et Aire vers Ippécourt[2], à 270 mètres, sur le portlandien; et ce qu'il y a de plus anormal c'est l'affirmation du toujours véridique Buvignier, qu'il s'en trouve sur les deux rives de la Biesme, en pleine Argonne, de Beaulieu (257 m.) à Vienne-le-Château (200 m.), en quantité moins grande, il est vrai. Il ne peut pas être question de chercher d'anciens rapports entre des rivières comme l'Aire et plus encore la Biesme et la Meuse, mais de retrouver la surface sur laquelle s'épan-

1. Buvignier, ouvrage cité.
2. Dʳ Meunier, *Mém. soc. philom. de Verdun*, t. XV.

chaient ces dépôts. Or cette surface paraît bien être la gaize, où l'on observe ces dépôts à l'altitude maxima de 300 mètres sur les témoins qui en existent entre Aire et Meuse, le long de la crête Montfaucon, Nantillois, Cunel, et à l'altitude décroissante de 257 mètres à 200 mètres le long de la vallée de la Biesme, sur le massif intact de gaize de l'Argonne. Les dépôts de la vallée de l'Aire situés sur le jurassique entre les deux séries de dépôts de l'Argonne proprement dite et des témoins de son extension orientale ont été vraisemblablement emportés avec la dénudation de la gaize intermédiaire entre les deux Argonnes, celle qui est restée intacte à l'ouest, et celle qui a été réduite à des témoins à l'est. Mais tous ces dépôts, ceux du Jurassique comme ceux de la gaize, montrent une altitude décroissante d'amont en aval avec la pente de la Biesme et de l'Aire. Ils ont été déplacés le long de ces cours d'eau et c'est vers le Sud qu'il faut en chercher l'origine, dans cette région si dénudée du Barrois où le Wadelaincourt, la Cousances et l'Aire franchissent la ligne de faîte, région qui fut peut-être autrefois recouverte par la gaize comme l'est encore au Nord du Wadelaincourt et par lambeaux la crête Montfaucon, Nantillois, Cunel. Il n'est pas invraisemblable que l'érosion remontante de ces cours d'eau, auxquels il faut joindre une Biesme prolongée vers le Sud-Est dans la direction de l'Aire sur la surface disparue de la gaize, ne soit allé recueillir sur l'ancien versant meusien des alluvions vosgiennes qu'elle aurait entraînées vers l'aval au fur et à mesure du façonnement des nouveaux versants. Le col de Heippes, par où le ruisseau de Récourt, affluent de la Meuse, communique avec le Flaburieux, affluent de l'Aire, n'est qu'à 272 mètres, les dépôts de la vallée de l'Aire à 270 et 200, ceux de la vallée de la Biesme à 250 mètres et 200 mètres. On aurait donc affaire à des alluvions de la Meuse déplacées du lieu de leur dépôt et descendues dans des vallées nouvelles; à moins de ne considérer ces alluvions que comme des avant-coureurs du creusement de la vallée de la Meuse, mais sans rapport strict avec la vallée actuelle, ce qui laisserait en place les dépôts de la vallée de la Biesme et de la vallée de l'Aire. Il y a là toutefois de grosses difficultés : l'altitude inférieure de ces dépôts de la Biesme et de l'Aire par rapport aux dépôts sis à 300 mètres sur la rive gauche de la Meuse à Verdun même et sur la crête Montfaucon, Nantillois, Cunel, la possibilité d'un cours de la Meuse orienté non vers l'Ardenne mais vers la Champagne et la Thiérache, que nous discuterons plus loin.

Tous les autres dépôts d'alluvion vosgienne qui se suivent de Pagny-sur-Meuse à Mouzon sont nettement liés au cours de la rivière. On peut compter entre ces deux points trois séries de dépôts répartis sur une différence de niveau de 100 à 150 mètres qui mesure l'érosion de la Meuse.

Terrasse supérieure. — Au niveau supérieur où l'usure subie a été plusieurs fois séculaire, les alluvions vosgiennes se présentent sous la forme de plages plus ou moins étendues de cailloutis se succédant en traînées d'épaisseur variable au sommet des côtes. C'est ce qui reste des plus anciennes terrasses d'alluvion de la Meuse.

A Verdun, au centre à peu près de la vallée comprise entre Pagny et Mouzon, on trouve ces dépôts supérieurs à 300 mètres environ, les dépôts moyens à 240 mètres et les dépôts inférieurs vers 200 mètres, cotes qui ne varient guère en amont et en aval de Verdun dans une vallée sans pente appréciable. La composition en galets de ces séries de dépôts ne varie pas notablement, sauf la présence de galets de granit et de quelques porphyres au niveau inférieur. C'est partout le quartz blanc et le grès plus au moins quartzeux qui dominent. Il paraît enfin difficile de distinguer plus de trois séries de dépôts, car le ruissellement des palets le long des versants actuels de la vallée rejoint quelquefois ces plages de galets entre elles et donne l'impression d'un plus grand nombre. Tout cela à vrai dire est quelquefois bien informe à l'horizon supérieur, d'autant que la conservation du site topographique n'a pas lieu à ces niveaux élevés.

Les débris des terrasses supérieures sont situés entre la cote 300 et la cote 250 comme les dépôts dont il a été question sur la crête de Montfaucon entre Meuse et Aire. Ils sont les témoins du travail d'érosion qui ébaucha la vallée actuelle dont ils suivent le tracé à l'altitude maxima de l'alluvion ancienne. Ainsi ces débris occupent les isthmes des grandes boucles parcourues par la Meuse entre Pagny et Void, à Saint-Mihiel, à Vacherauville, ou bien les fonds de cirque, boucles abandonnées sur les côtes des deux rives à Bannoncourt, à Fontaines près de Dun, à Moulins-Autreville près de Mouzon. Ces dépôts accompagnent fidèlement la vallée de la Meuse jusqu'à Mouzon au-dessus du sillon liasique du bord de l'Ardenne. Il est remarquable que, entre Saint-Mihiel et Dun, ils se développent sur la rive gauche plutôt que sur la rive droite. Ainsi, à Verdun, toutes les côtes astartiennes de la rive gauche montrent, à la cote 300, des témoins de cette terrasse supérieure. Sur la rive droite, à la même altitude, on ne trouverait pas un quartzite. Or il ne paraît pas que les dépôts de la rive droite, s'il y en a eu, aient pu être enlevés par l'érosion, car les côtes de Meuse entre Saint-Mihiel et Dun ont conservé leur altitude maxima (400 m.) supérieure à celle des côtes de la rive gauche. Il faut donc admettre que la Meuse, en creusant sa vallée, l'a déplacée vers l'Est le long du petit versant des couches.

Terrasse moyenne. — Les débris de la terrasse moyenne sont situés à 30 ou 40 mètres au-dessus du niveau de la rivière (par exemple la terrasse au Sud de Belleray, à Verdun). Ils jalonnent par un fer à cheval d'alluvion de nombreux cirques sur les deux rives de la Meuse à Bannoncourt, à Verdun, Dun-Doulcon, à Mouzon. Quelquefois les parois du cirque existent encore comme à la côte Saint-Michel à Verdun, d'autres fois les parois ont été démantelées par l'érosion et un fer à cheval d'alluvion témoigne aussi nettement de l'existence du cirque que la topographie locale (Exemple, le cirque entre la côte Saint-Michel et celle de Belrupt à Verdun, signalé par de la Noë). Cette terrasse moyenne forme en outre sur la rive gauche des plages de galets particulièrement étendues dans la section Vacherauville-Vilosnes, entre Dannevoux et Gercourt, au pied d'un glacis qui s'élève jusqu'aux dépôts situés à 10 kilomètres à peine au pied de la butte de Montfaucon, vers Nantillois et Cunel.

Terrasse inférieure. — La terrasse moyenne, bien que généralement mieux conservée que les débris des niveaux supérieurs, est néanmoins très démantelée. Le lavage des pentes entraîne ses galets vers le bas. Seule la terrasse inférieure est bien nettement caractérisée à 10 mètres environ au-dessus du thalweg par ses formes et par l'abondance des galets quartzeux qui la pavent littéralement (Polygone de Jardin Fontaine à Verdun). Mais ce n'est pas tout, des sondages ont été exécutés par le lieutenant-colonel Arnoux dans l'alluvion même du lit majeur de la Meuse pour rechercher de l'eau plus potable que celle du voisinage de la surface, parce que le lieutenant-colonel espérait trouver dans les profondeurs un drain d'alluvion vosgienne non colmaté par les sables calcaires[1].

« Dans tous les points où ces sondages traversaient les alluvions situées loin des bords de la vallée, les échantillons relevés ont montré un régime alluvial absolument calme, du sable calcaire fin, des bancs d'argile bien lités, quelques menus graviers calcaires, bien rarement un grain de quartz égaré dans la masse. L'ensemble reposait directement sur le calcaire à faciès corallien ou sur le calcaire à entroques. Sur la roche même où s'arrêtaient les trous de sondage toute

---

1. Sondages du génie à Verdun (lieut.-col. Arnoux), dont le plan et les alluvions extraites se trouvent à la chefferie du génie de Verdun.

la faune qui fréquente les récifs à polypiers juras-

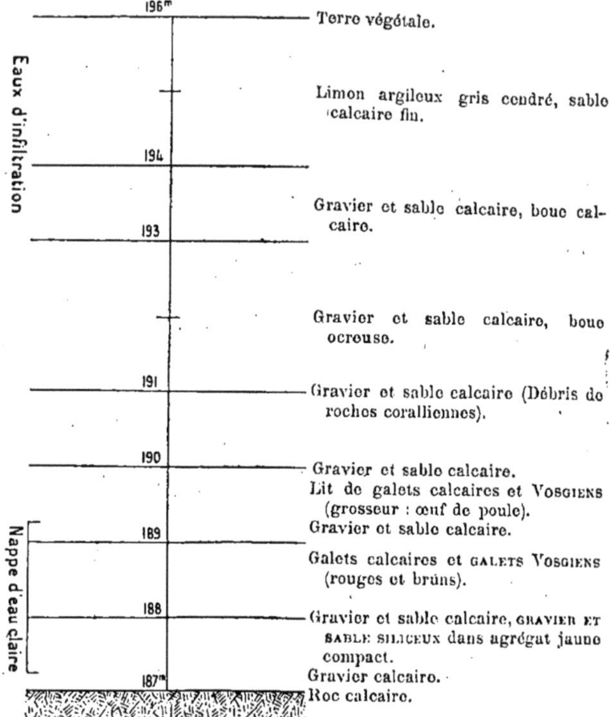

Fig. 1. — Croquis d'après le sondage exécuté au Pré-l'Évêque, au pied et au sud de la Roche de Verdun, à l'emplacement marqué sur la carte des environs de Verdun dans l'alluvion meusienne, par le lieutenant colonel Arnoux, chef du Génie, en 1905 (Recherche d'eau potable).

Une machine élévatoire est en construction à cet endroit; les alluvions recueillies se trouvent à la chefferie du génie de Verdun et au bâtiment de la machine élévatoire.

siques a été recueillie. » C'est alors que le lieutenant-

colonel Arnoux a cherché à atteindre le pied de la
terrasse d'alluvion vosgienne qui est plaquée dans la
boucle de la rive gauche formée par les côtes de
Regret, de Saint-Barthélemy et la Roche de Verdun.

Ce dernier sondage, exécuté au Pré-l'Évêque, a traversé une dizaine de mètres d'alluvion jurassique dont
le fond au contact même du roc corallien et sur une

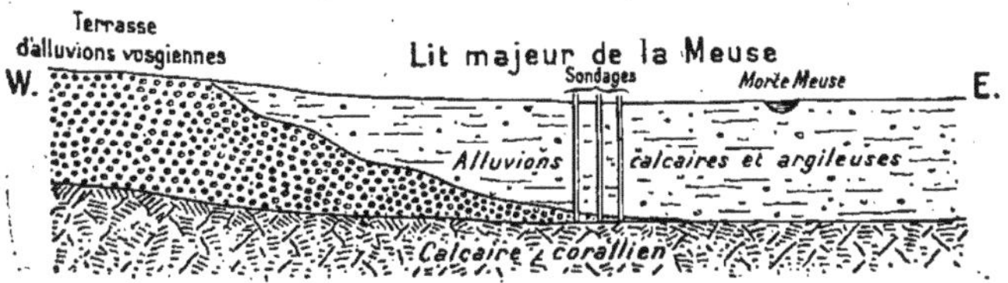

Fig. 2. — Coupe schématique de l'emplacement du sondage.

épaisseur de 2 mètres est constitué par de gros
cailloux roulés de roches primitives, c'est-à-dire du
gravier vosgien (cotes 187-189). Je crois donc pouvoir
en conclure que la Meuse a atteint la profondeur
maximum de son creusement à une époque où elle
communiquait encore avec la Moselle et où elle avait
encore un régime torrentiel. Postérieurement serait
survenu cet énorme remblaiement de 8 mètres d'alluvion jurassique ténue (boues et calloutis) qui paraît
prouver que la Meuse avait bien perdu toute force
d'érosion par l'effet de la capture de la Moselle. Une
phase de sédimentation tranquille aurait succédé au

courant qui charriait les galets vosgiens. Le barrage en travers de la vallée de la Roche de Verdun et les cirques d'érosion si nombreux tout autour expliquent l'intensité de l'affouillement et du colmatage postérieur, à condition qu'on fasse intervenir un changement de régime de la Meuse, changement que je relie à la capture du Val de l'Ane puisque, avec le nouveau régime la nature des matériaux de l'alluvion change aussi.

L'horizon inférieur est celui où on a des chances de trouver des échantillons de roches vosgiennes moins banales que le commun galet de grès quartzeux. Bleicher affirme, dans son livre *Les Vosges*[1], qu'on trouve à Verdun, dans les niveaux inférieurs, toute la série des roches qui existent à Bussang. Il est certain qu'on trouve quelques galets de granit et de porphyre dans les terrasses de l'alluvion récente. C'est à cet horizon qu'on trouve des débris très nombreux de la faune et de la flore quaternaire[2], des silex taillés[3] (champ de manœuvres de Verdun, St-Mihiel) et d'anciennes excavations habitées par les populations primitives (Charny). Cet horizon inférieur permet donc de dater approximativement l'histoire de la vallée.

1. *Les Vosges, le sol et les habitants*, Paris, J.-B. Baillière, 1890, p. 95.
2. Buvignier.
3. Raulin.

De ces faits il est permis de conclure : 1° Que la vallée de la Meuse est fort ancienne puisque des dépôts d'alluvion s'étagent sur une profondeur de 100 mètres en moyenne.

2° Que les terrasses inférieures de la vallée de la Meuse et l'époque de sa séparation avec la Moselle datant de l'époque quaternaire, l'origine de la vallée doit être reculée en pleine période tertiaire.

3° Que des communications ont eu lieu dès l'origine entre la Moselle et la Meuse et que les eaux vosgiennes ont été l'agent du creusement de la vallée puisque, de Pagny à Mouzon, le gravier vosgien se montre à toutes les hauteurs au-dessus du lit et au-dessous du lit jusqu'au contact du roc même, au moins sur les bords de la vallée.

Dans ce qui suit nous chercherons à retracer le réseau originel dont la Meuse était la branche maîtresse en suivant comme guides les témoins topographiques de l'érosion et les alluvions anciennes.

Nous examinerons d'abord le cours de la Meuse et les influences contradictoires qu'ont eues sur ce cours le niveau de base, la résistance des matériaux du sol et la tectonique. Pièce par pièce nous reconstruirons ensuite le bassin meusien dans l'hypothèse de l'existence d'une Moselle-Meuse, examinant d'abord la

Haute-Meuse du Bassigny, tellement pareille à la Meuse en aval de Pagny qu'on s'explique difficilement qu'elle ait pu en être un simple affluent, les côtes de Meuse et leurs ouvertures, la Woëvre, la Haye et leurs cours d'eau, le glacis lorrain en avant des Vosges et son réseau de rivières, la Meurthe et la Moselle.

Nous nous tournerons ensuite vers l'Argonne et la Champagne à la recherche des affluents de la Meuse et, forcément enfin, vers l'Ardenne, qui a fixé les destinées de la Meuse.

CHAPITRE III

Le cours de la Meuse.

L'ancienneté de la vallée actuelle de la Meuse est caractérisée d'une façon certaine. On conclurait de cette ancienneté que la Meuse doit être une rivière originelle du premier cycle d'érosion, conséquente avec la pente des couches. Or elle ne l'est pas, coulant partout en travers de la pente des couches qui mènent dans le bassin parisien. L'a-t-elle jamais été? on n'en peut rien savoir, la dénudation de la Champagne et du Barrois n'en n'ayant pas laissé subsister de preuves, et l'altitude des coteaux du Barrois, qui ne sont percés que par les têtes des rivières du bassin parisien, poussant à la négative. Il n'y a pas de traces d'une rivière vosgienne ayant coulé franchement vers le bassin parisien. Les dépôts de l'Argonne, si l'on admet qu'ils sont restés en place, rattacheraient encore le prédécesseur de la Meuse au bassin belge plutôt qu'au bassin parisien.

Il faut se représenter la Meuse actuelle, malgré le caractère homogène de sa vallée de Neufchâteau à Dun, comme une rivière tronquée. Son cours originel ne descend pas du Bassigny. S'il descend des Vosges par la vallée de la Haute-Moselle vers Toul et Pagny-sur-Meuse, on remarquera que la direction de la Haute Moselle s'agence parfaitement avec celle de la Meuse en aval de Pagny, mais que la Haute-Moselle n'est pas plus conséquente que la Meuse avec la pente des couches du bassin parisien. Il faut donc qu'un niveau de base situé vers l'Ardenne ait agi impérieusement sur le cours de la Moselle-Meuse et que le relief des coteaux du Barrois ait été tel dès les débuts de la Meuse, c'est-à-dire à la fin de la période tertiaire, que celle-ci n'a pas subi d'attraction vers la Champagne. En somme la Meuse est beaucoup plus ancienne que le bassin parisien actuel considéré comme un système hydrographique.

Les coteaux du Barrois se dressent aujourd'hui à 416 mètres (Ménil-la-Horgne), à peine ébréchés par la tête du cours de l'Ornain, à plus de 100 mètres au-dessus des alluvions anciennes les plus élevées de la Meuse (300 m.), et leur barrière se suit jusqu'à la hauteur de Verdun toujours plus élevée que les alluvions supérieures (Sivry-la-Perche est à 357 mètres, les alluvions supérieures à 300 mètres). On serait donc tenté de voir, dans l'étage portlandien qui les forme, le guide du cours de la Meuse vers le N.-N.-W. qui apparaîtrait donc dans la section de Pagny à Dun comme une rivière subséquente, en ceinture d'un étage. Aucun témoin du portlandien n'est connu sur la rive droite de la Meuse, sous bénéfice d'inventaire toutefois, car il est constant que le Jurassique lorrain s'est étendu beaucoup plus à l'Est. Jamais alluvion vosgienne n'a été relevée sur le portlandien que sur la partie de l'étage qui porte les témoins de gaize vers Montfaucon, en aval de Verdun. Le Barrois serait l'obstacle qui aurait dévié la Meuse vers le N.-N.-W. au prix de sérieuses difficultés tectoniques d'autre part, car le coude de Pagny force la Meuse à couper l'anticlinal de Commercy transverse à son cours par de nombreux méandres dus à la rencontre du corallien. Elle y met aussi au jour, de Pagny à Lérouville, l'argile oxfordienne de creusement difficile. Cette région de Commercy montre dans sa topographie ouverte en de nombreux endroits du côté lorrain la preuve qu'elle était un confluent des cours d'eau lorrains et c'est cependant dans cette région où l'effort des eaux courantes paraît avoir été porté au maximum, que la résultante est une vallée qui longe le bassin de Paris en lui échappant, une vallée où l'alluvion ancienne plus étendue sur la rive gauche que sur la rive droite donne l'indication que la rivière s'éloigne toujours du bassin parisien en appuyant à droite.

La Meuse est donc bien une rivière du type subséquent (2e cycle d'érosion), sans qu'aucun vestige subsiste d'aucune rivière lorraine du type conséquent. Au lieu de s'établir sur le grand versant parisien, elle s'est établie sur la tranche des couches, sur le petit versant lorrain, parce qu'elle était sollicitée par un niveau de base existant dans le bassin belge qui primait celui qui pouvait exister alors dans le bassin parisien. Elle y trouvait d'ailleurs quelques facilités d'érosion.

La pente taillée en biseau par l'érosion du petit versant d'un étage de sédiments est plus forte que celle du grand versant. C'est d'ailleurs à la limite de deux étages où les sédiments de l'étage supérieur sont à leur moindre épaisseur qu'est le point faible attaquable par l'érosion. Les rivières sont ainsi sollicitées à prendre l'obstacle de biais sous sa moindre épaisseur et à le sculpter près des bords. Le grand versant, la pente des couches vers le bassin parisien, a d'autre part une inclinaison très faible de 2 à 3 p. 100 sur les feuilles de Verdun, Nancy, Mirecourt au $1/80\,000^e$, à laquelle succède un régime presque tabulaire sur la Champagne et le plateau de Langres (feuilles de Langres, Arcis, Châlons, Reims). Il n'y a pas là de

quoi imposer aux rivières une direction péremptoire,
si, d'autre part, les petits versants des couches que le
début de l'érosion a fait apparaître les mènent dans
la direction d'un niveau de base plus proche. Le
rapprochement du niveau de base par une transgression marine s'effectuant dans un sens perpendiculaire
au plongement des couches (Ex. une mer inondant
l'Artois et l'Ardenne) doit entraîner le creusement
des vallées vers cette transgression marine en dépit
du plongement des couches. Les rivières sculpteront
le petit versant des couches au lieu de suivre le grand
versant. Il semble bien, finalement, qu'aucune rivière
lorraine n'a franchi le versant oriental du Barrois et
que la Meuse s'est établie en collecteur des eaux lorraines le long du petit versant du portlandien et des
argiles kiméridgiennes dans la section Pagny-Dun,
sollicitée dans cette direction par une mer de l'Ardenne et des Pays-Bas.

Trouvait-elle dans cette direction des facilités du
côté de la tectonique? La coupe en longueur de la
vallée de la Meuse établie en 1901 par M. G. Dollfus[1]
ne le fait pas supposer. La vallée de la Meuse, traversée par le synclinal de Vaucouleurs, l'anticlinal
de Commercy (suite de l'anticlinal Sarrebrück-Pont-

---

1. Voir les coupes de M. G. Dollfus données plus loin (Date 1901).

à-Mousson) et le synclinal de Sivry, apparaît sans doute conséquente avec la pente des couches sur le flanc sud de ces deux synclinaux dans le Bassigny d'abord et dans la section Saint-Mihiel-Sivry ensuite. Mais quel redressement des couches jurassiques en travers de son cours n'a-t-elle pas à combattre lorsqu'elle arrive à hauteur de Dun, préface de l'obstacle de l'Ardenne. Le désaccord de l'érosion fluviale avec la tectonique apparaît si flagrant que ce serait une erreur de principe de chercher à expliquer l'une par l'autre. On n'aboutirait jamais qu'à noter des coïncidences locales qui ne peuvent pas avoir eu d'effet décisif sur le cours des rivières. L'architecture intérieure du sol apparaît hostile en principe au cours des rivières, parce que celles-ci se sont établies sur le toit aujourd'hui disparu qui recouvrait cette architecture.

La nature des matériaux du sol est une cause qui, bien que secondaire encore, est autrement puissante sur le cours des rivières que l'architecture cachée du sous-sol. On ne saurait omettre l'influence spéciale du calcaire corallien qui tantôt présente des parties récifales très dures, tantôt des parties friables et fissurées. A partir du moment où la boucle de Pagny-la-Blanche-Côte engage la Meuse dans cet étage, d'où elle ne sortira que par une autre boucle à Dun, elle en devient sur 70 km. la prisonnière. Elle y subit une

sorte d'enfouissement. L'effet de cet enfouissement
c'est que les conditions intérieures du sol deviennent
désormais prépondérantes sur le cours de la rivière,
pente des étages, contournement des parties dures,
et que si la Meuse n'avait pas été maintenue dans
son chenal jurassique par la rigidité de son cours
aval en Ardenne, elle se serait probablement échappée
dans le calcaire vers le bassin de Paris. Aujourd'hui
la Meuse ne s'enfouit plus. Elle coule sur un lit
colmaté par elle qui la préserve des captures et des
échappements souterrains. L'ondulation anticlinale
du corallien à Commercy et l'ondulation synclinale
à Sivry lui présentent des alternatives d'étages relativement tendres ou d'étages très durs qu'elle con-
tourne par des boucles tracées généralement dans
le sens du plongement des couches et de flèche à
peu près égale (3 à 4 km.). Ainsi la boucle de
Sorcy autour du glypticien[1], celles de Saint-Mihiel
où les Dames de Meuse marquent nettement les
anciens niveaux de la rivière, celles de la Roche de
Verdun, toute pétrie de polypiers, etc. Si l'on se
rappelle enfin combien tous les terrains jurassiques
sont minés par les eaux souterraines, guidées elles-

1. Wohlgemuth, Sur la cause du changement de lit de la Moselle,
ancien affluent de la Meuse (*Association française pour l'avancement des Sciences*, Paris, 1889, 2ᵉ partie).

mêmes par les plans de faille, arrêtées dans leur descente par les surfaces marneuses, creusant les parties sableuses et friables de la roche en canaux ou en cavernes, on s'explique qu'une rivière que son cours a amenée à la surface de ces calcaires, s'y enfouisse totalement jusqu'à la rencontre des argiles sous-jacentes, comme le fait la Meuse à Commercy. On s'explique aussi qu'une rivière, qui vraisemblablement coulait à la limite du portlandien, ait été en quelque sorte captée par le calcaire jurassique sous-jacent.

En résumé la Meuse est une rivière du type subséquent entraînée vers le bassin belge par l'envahissement d'une mer par-dessus l'Ardenne.

CHAPITRE IV

La Meuse et le Plateau lorrain.

A. *La Haute-Meuse en amont de Pagny.*

C'est de Pagny à Mouzon qu'ont été signalés depuis Boblaye les dépôts de gravier vosgien étagés sur les flancs de la vallée de la Meuse[1]. C'est dans cette section qu'ils sont rigoureusement canalisés, bien qu'il arrive de trouver en amont des quartzites à l'état épars sur les côtes de Meuse jusque vers Neufchâteau et jusqu'à Sion-Vaudémont[2]. Si la Haute-Meuse a des alluvions anciennes, ce sont des alluvions jurassiques où jamais terrasse de galets vosgiens n'a été aperçue. Mais si cette différence d'alluvions la sépare de la Meuse moyenne, la ressemblance des deux sections est frappante tant au regard de la largeur et de l'homogénéité de la vallée, qu'à celui de la

1. Bleicher, La vallée de l'Ingressin, *Ann. Géogr.*, IX.
2. *Id.*, Extr. *Bull. Soc. belge Géol.*, t. XIII, 1899.

décrépitude de la rivière. Topographiquement l'œil a peine à séparer les deux Meuses, d'autant plus qu'en amont comme en aval de Pagny c'est sur le Plateau lorrain que s'ouvrent les trouées des Côtes, c'est sur la rive droite qu'aboutit la majorité des affluents, tandis que la rive gauche est fermée comme d'une barrière par le plateau bathonien de Chaumont et les côteaux du Barrois qui lui font suite au Nord.

On ne peut donc pas affirmer qu'il n'y ait jamais eu au Sud de Pagny de communication, sinon entre les Vosges et la Meuse, du moins entre les terrains triasiques et infraliasiques où se trouvent des quartzites et celle-ci. A l'Ouest et au Nord d'Épinal la topographie permet de reconstituer un plan entre les côtes de la vallée de la Moselle et les côtes de Meuse, dont les témoins existent çà et là sur les auréoles triasiques et liasiques, dans les côtes Virine (467 m.), de Sion-Vaudémont (490 m.), de Saint-Jean (496 m.); aux environs de Saint-Prancher, etc. Les témoins du relief font donc pressentir une ancienne extension vers l'Est du bassin de la Haute-Meuse sur une surface qui a disparu par l'effet du creusement de la vallée du Madon consécutive à l'enfoncement du niveau de la Moselle dans les calcaires bathoniens de la Haye.

Le bassin de la Haute-Meuse a été rétréci parce que la direction du Madon, perpendiculaire aux

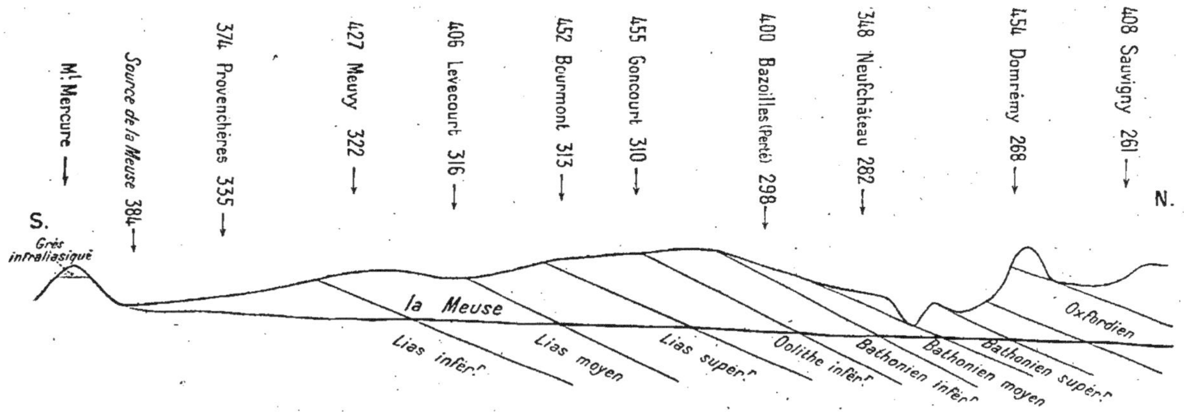

Fig. 3. — Coupe S.-N. montrant le plongement des couches vers le synclinal de Vaucouleurs. D'après M. G. Dollfus (1901).

Longueur 1/500 000. Hauteur 1/1500.

affluents de droite de la Haute-Meuse, était éminemment propre à amener des captures. Des indices en existent.

La vallée de la Vraine, sous-affluent de la Meuse par la Vair, n'est séparée du Val d'Arol, affluent du Madon, que par un seuil plat entre Gironcourt, Rouvres-en-Xaintois et Domvallier, dans la bande liasique du Xaintois.

Dans les plateaux bathoniens de la Haye méridionale, on remarque un réseau de vallées sèches qui se suivent à l'Ouest jusqu'aux cols des Côtes de Meuse (Ruppes, Vannes) et, d'autre part, à l'Est échancrent le bord de la falaise bathonienne et correspondent avec la tête des vallées suivies par les affluents du Madon. Ce sont d'anciens affluents de la Meuse appauvris dans leur cours amont par des captures souterraines ou à leur tête de vallée par des captures de surface, et transformés en vallées sèches.

Il est admissible que le réseau de ces anciens affluents de la Meuse ait été raccourci par le Madon. Une fois affaiblis par la capture de leur cours supérieur ces affluents purent être transformés en vallées sèches dans la traversée du calcaire bathonien de la Haye où abondent les failles, fentes, terrains à cribles qui absorbent les eaux.

Tel paraît être le cas de l'Arolle. Le col de Vannes-

le-Châtel, dans les Côtes de Meuse, étonne par la dis-
proportion du contenant avec le contenu. Mais le
ruisseau qui y coule se rattache à l'Est des Côtes, par
une vallée sèche à méandres passant par Harmon-
ville et Barizey-au-Plain, à l'Aroffe, ruisseau à pertes
du calcaire bathonien, dont une partie des eaux disparaît dans la perte de Gémonville. Des sondages [1]
exécutés en aval par la compagnie de l'Est à Saulxures-
les-Vannes ont retrouvé des eaux souterraines à une
profondeur de 3 à 4 mètres coulant dans du gravier
de rivière sous le lit de l'Aroffe. Si l'on compare ce
cours d'eau impuissant, tari dans son cours supérieur
au point de laisser comme empreinte une vallée sèche,
avec le col de Vannes-le-Châtel, qui lui sert de vallée
inférieure, on ne peut s'empêcher d'attribuer à
l'Aroffe d'autrefois un débit et une longueur de cours
bien supérieurs aux dimensions actuelles. En suivant
ce réseau de vallées sèches le ruisseau de Velle, sous-
affluent actuel du Madon par le Brenon, qu'une vallée
sèche rattache à l'Aroffe, paraît avoir pris la place
d'un affluent de l'Aroffe inversé par capture. Il est
remarquable que des côtes témoins, comme celles de
Vaudémont et de Pulney, font face aux sources
actuelles de l'Aroffe et continuent la surface du pla-

1. Fournier, *Topogr. ancienne du dép. des Vosges.*

teau bathonien à la cote moyenne 450. Près de 200 mètres de différence de niveau, sur une dizaine de kilomètres seulement, d'Ouest en Est séparent la vallée du Madon de celle de l'Aroffe et témoignent en faveur d'une érosion intense coupant les affluents de la Meuse.

Dans la bande liasique le Madon a pu exercer des déprédations parmi les affluents de la Vraine (Val d'Arol), mais celle-ci s'est conservée à la différence de l'Aroffe, grâce au sol imperméable liasique sur lequel elle coule.

Il est donc admissible de voir, dans le réseau de vallées sèches qui sillonnent la Haye méridionale et qui aboutissent à des cols très larges ouverts dans les côtes de Meuse, l'empreinte laissée par les cours d'eau du passé, quand, d'autre part, des côtes-témoins prolongent la surface sur laquelle ils coulent et que des cours d'eau actifs comme le Madon ont une situation favorable à la capture des précédents. La Moselle s'est formée par capture au détriment de la Meuse. Le Madon, son affluent, lié au niveau de base toujours plus bas de la Moselle, a bénéficié de cet avantage vis-à-vis les affluents de la Haute-Meuse. Le confluent du Madon est à 218 mètres, celui de l'Aroffe à 248, mais sa source est à 415 mètres, à 12 kilomètres du Madon à vol d'oiseau.

D'autre part l'origine de ces vallées sèches doit être cherchée dans la dénudation subie par les étages jurassiques. Quand l'oxfordien imperméable s'étendait au-dessus du bathonien perméable, comme la preuve en existe dans les nombreuses poches du bathonien remplies de débris oxfordiens, l'Aroffe pouvait couler à ciel ouvert. Quand l'oxfordien fut enlevé les eaux de l'Aroffe ne furent plus préservées de l'absorption et la vallée s'assécha. Ne voit-on pas la Haute-Meuse et ses affluents se perdre dès que, la cuvette liasique plongeant sous le bathonien, ils se trouvent sur un terrain à cribles? Peu s'en faut que, par la succession de terrains très perméables à des terrains imperméables, tout le réseau de vallées qui confluent à Neufchâteau ne soit pareil au réseau de l'Aroffe. Cette transformation de vallées d'eaux vives en vallées sèches paraît un fait où la dénudation des étages imperméables joue le premier rôle. La vallée de la Meuse même serait devenue une vallée sèche dans toute sa traversée du corallien, comme elle risque de le devenir dans sa traversée du bathonien vers Neufchâteau, sans la gaine d'alluvion qui canalise ses eaux, sans les affleurements du lias et de l'oxfordien qui se relaient en amont et en aval de son cours lorrain et sans les résurgences d'eaux qu'on appelle sources de coteau et sources de fond.

Mais la dénudation amène des captures de surface par la mise au jour d'un terrain perméable de creusement facile où l'érosion a vite fait disparaître les anciens partages des eaux. Des vallées sèches dans ce genre de terrains indiquent les captures, comme les marécages stagnants en sont un indice dans les terrains imperméables. Il est évident que l'apparition d'un terrain à cribles après l'enlèvement d'une zone argileuse donne une base toute différente au réseau hydrographique. Il peut se former des cours d'eau souterrains coulant dans le sens des failles, des fentes, ou sur les lits marneux intercalés, aussi bien que des cours d'eau superficiels déviés de leur direction primitive vers le niveau de base le plus proche par suite de l'approfondissement plus rapide dans les calcaires que dans les argiles. Sécheresse de la surface, mais trésors d'eaux profondes souterraines ou encaissées, sont le caractère hydrographique des pays calcaires, au lieu du suintement d'humidité des régions argileuses. Les cycles hydrographiques, qui évoluent lentement dans celles-ci, prennent une allure vertigineuse dans ceux-là. Les eaux s'enfouissent.

La Meuse du Bassigny et ses affluents sont alimentés par la nappe liasique imperméable qui se trouve au seuil du Bassigny et du Xaintois, à l'angle Sud-Ouest du plateau lorrain, nappe qui fut autrefois beaucoup plus étendue vers le Sud ou le Sud-Est [1] où ses témoins abondent. Dans cette région de pluies abondantes, l'érosion des eaux courantes s'est exercée d'une façon très sensible. Tout un éventail de rivières affluents de la Saône (Amance, Apance) échancre dans cette zone la plate-forme liasique qui supporte la Meuse et ses affluents. Celle-ci, encadrée sur sa rive gauche par une falaise presque intacte, n'est plus accompagnée sur sa rive droite que par les morceaux d'une falaise qui traversent le Mouzon, le Flambant opposés par leurs sources à des affluents de la Saône contre lesquels ils soutiennent une lutte inégale. C'est la Saône, dont le niveau est à 220 mètres à Jussey contre les 400 mètres d'altitude des sources de la Meuse, qui ronge et rétrécit le Bassigny ; et cette intensité d'érosion est l'effet de l'affaissement du bassin de la Saône, dont témoigne la faille de 200 mètres de rejet, mais nivelée à la surface, qui s'étend au Sud des collines de Fayl-Billot, de Chassigny à Grattery. Le plateau de Vittel a été de même coupé du Sud-Ouest au Nord-Est par la faille de Darney, qui, sur une quinzaine de kilomètres, produit une dénivellation d'une cinquantaine de mètres parfois et a livré la tête des bassins du Vair et du Mouzon aux affluents de la Saône.

1. Carte géol. 1/80 000, F. Mirecourt.

Soit par faille encore topographiquement manifeste comme à Darney, soit par faille encore, mais nivelée par l'érosion consécutive, comme dans le cas de l'Amance et de l'Apance, tout l'angle Sud-Ouest du Plateau lorrain est aujourd'hui démantelé.

La rive gauche de la Haute-Meuse est pauvre en affluents par contraste avec la rive droite, et il ne paraît pas que dans le passé les conditions aient été autres, sauf en ce qui concerne la Saônelle, maigre ruisseau perdu dans une vallée de grandes proportions qui date du temps où le débit était plus fort. Là encore un cours d'eau plus allongé aurait disparu tant par la mise à nu d'un terrain absorbeur au-dessous d'une argile conservatrice que par capture de la tête du cours. La Saônelle, avant que la dalle bathonienne ait été dénudée, coulait sur l'auréole oxfordienne au delà de Liffol qu'elle n'atteint plus aujourd'hui, le ruisseau de Liffol-le-Petit se perdant dans le gouffre appelé Bocard du moulin de la Fosse. Un jour vint où la Sueur et la Manoise, affluents de la Marne, coupèrent perpendiculairement son cours amont. Mais la dénudation du bathonien fait mourir aujourd'hui la Sueur comme la Saônelle, dont l'histoire est à peine lisible sur la surface du sol.

A l'Ouest de la Haute-Meuse prévaut un régime de

hauts plateaux qu'aucune érosion ancienne ne paraît avoir entamés. Des menaces de captures récentes se manifestent. Le Rognon et ses affluents, attirés par le niveau de base de leurs confluents avec la Marne (200 m. à Donjeux), font déjà brèche dans la falaise qui préserve la rive gauche de la Meuse.

Plus au Nord l'Ornain, sortant par érosion régressive des coteaux du Barrois, a envahi les plateaux kiméridgiens et astartiens de l'Ornois. Mais les terrains secs de l'astartien ont bu son cours supérieur et ses affluents la Maldite et l'Oignon. Il n'y a pas de danger de capture.

Ainsi c'est du côté lorrain et du côté de la Saône, à l'Est et au Sud, que le bassin de la Haute-Meuse est entamé et réduit par les empiétements des rivières voisines. D'autre part l'affaiblissement de la masse d'eau de la Meuse, consécutif à ces empiétements, et la faiblesse de son alluvionnement actuel l'exposent au danger des pertes dans le calcaire bathonien qui absorbe les rivières indigentes. L'été, la Meuse, à Bazoilles, disparaît dans les prairies et ne laisse à la surface qu'une écume blanche. Le Vair, l'Anger ont le même sort. La dalle bathonienne qui de Neufchâteau s'étend vers Chaumont abonde en vallées sèches, empreintes de cours d'eau descendus dans le sous-sol.

Neufchâteau est le confluent des eaux de toute cette région, qui y sont amenées par la pente naturelle des couches vers le synclinal de Vaucouleurs. Une partie des eaux disparaît avec le plongement de la cuvette liasique, mais une autre partie échappée au bathonien est recueillie par la nappe d'argile oxfordienne qui forme le plafond et les versants de la vallée jusqu'à Pagny-la-Blanche-Côte.

L'entrée de la vallée de la Meuse en aval de Neufchâteau dans l'étage corallien étonne par sa largeur monumentale (2 km.) maxima qu'on retrouvera à peine en aval. C'est une porte cochère analogue à celle où coule ce filet d'eau appelé la Saônelle. Cette large ouverture du défilé de la Meuse n'est pas explicable seulement par l'évasement des versants marneux, car il a fallu qu'une érosion puissante détruisît leur voûte corallienne. Elle donne aussi à penser que la Meuse du Bassigny, au bassin aujourd'hui tronqué par les envahissements de la Saône et menacé par la Marne, avait autrefois un débit plus fort par suite d'un périmètre d'alimentation plus étendu. Le Bassigny et le Xaintois, la Haye méridionale et la dalle bathonienne de Chaumont sont tout ce qui reste de la surface qui amenait à la rencontre de la Moselle-Meuse un puissant affluent nettement lorrain, sinon vosgien.

B. *Relations de la Meuse avec la Moselle.*

A la suite de l'examen du bassin de la Haute-Meuse, dont la physionomie lorraine est déjà nette, nous entrons, à Pagny-sur-Meuse, dans la section de la rivière caractérisée par l'abondance du gravier vosgien. De plus, immédiatement au Nord de Pagny, dans la région de Commercy, les Côtes de la rive droite sont percées de trouées comme au Sud, il est vrai, mais un élément nouveau, la proximité de la Moselle, rivière collecteur des eaux vosgiennes, suggère la pensée de relations plus lointaines. C'est ici un des nœuds de la question de la Meuse : son origine vosgienne, l'autre étant sa direction consécutive vers l'Ardenne.

Le gravier vosgien a eu tout autour des Vosges un rayonnement très étendu. Il se suit dans la vallée de la Moselle, dans la vallée de la Meuse de Pagny à Mouzon et plus loin encore jusqu'à Monthermé[1] en

1. Gosselet, *L'Ardenne*, chap. xxvi, p. 851, Paris, Baudry, 1888, in-4°.

pleine Ardenne, et au Sud des Vosges jusqu'à la forêt de Chaux, près de Dole. Une telle extension des débris de la dénudation d'une chaîne de montagnes n'a rien qui puisse surprendre. Ne trouve-t-on pas au cœur du bassin de Paris, depuis la vallée de l'Aube à l'Est, des galets des roches du Morvan[1]? On trouve partout le gravier vosgien à partir d'une altitude considérable au-dessus des cours d'eau actuels; entre 300 et 400 mètres dans les vallées de la Moselle et de la Meurthe et sur les plateaux du Jura (450 m. à Ecot)[2], à 266 mètres à Conflandey, dans la vallée de la Saône. A 600 mètres sur la branche des Vosges, au Sud de la Haute-Moselle, à 800 mètres dans la ceinture gréseuse des Vosges granitiques[3] (Avison, Spiémont), à 750 mètres à Château-Lambert, à 1 000 mètres au Haut-de-Roc, sur la Haute-Moselle, on trouve du Diluvium mêlé à des blocs volumineux abondants qui peuvent quelquefois être les parties dures laissées en place par l'érosion du milieu environnant[4], aussi bien que les témoins de la glaciation qui recouvrit les vallées de la Haute-Moselle au quaternaire. Si l'on rappelle que le gravier vosgien se trouve à l'altitude maximum de 300 mètres

1. Arcis, 1/80 000 géol. Notice.
2. Montbéliard, 1/80 000 géol. Notice.
3. Delebecque, *Bull. serv. carte géol.*, t. X, n° 69 (Comptes rendus des collaborateurs, p. 126 et suivantes); *id.*, t. XII, n° 79.
4. Bleicher, *Guide du géol. en Lorraine.*

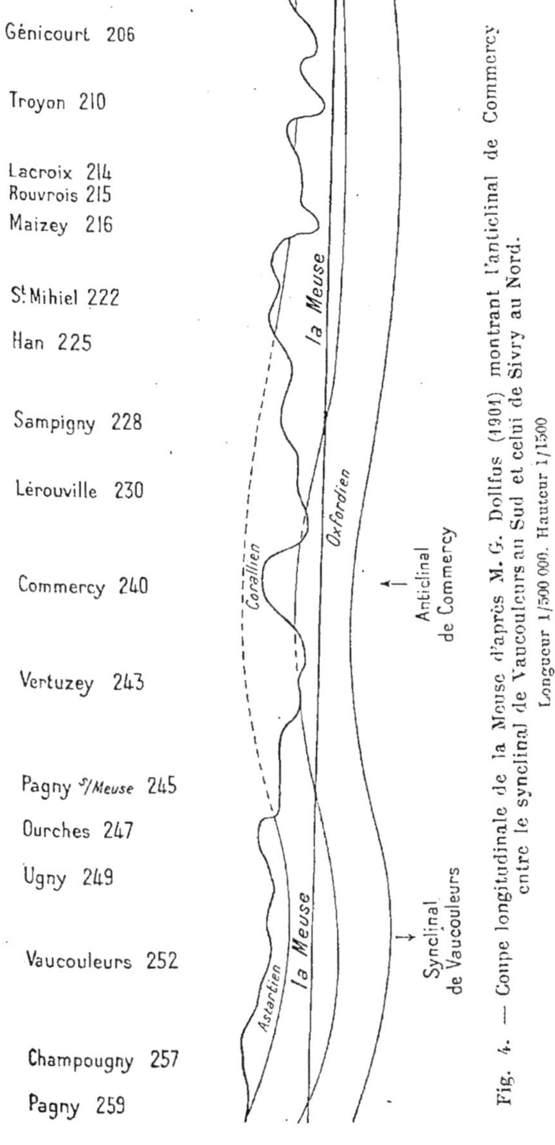

Fig. 4. — Coupe longitudinale de la Meuse d'après M. G. Dollfus (1901) montrant l'anticlinal de Commercy entre le synclinal de Vaucouleurs au Sud et celui de Sivry au Nord.

Longueur 1/500 000. Hauteur 1/1500

dans la vallée de la Meuse, qui ne reçoit plus rien des Vosges, on conçoit qu'une érosion postérieure a rompu d'anciennes surfaces par lesquelles les eaux des Vosges se déversaient sur le plateau meusien au-dessus du bassin de la Moselle actuelle. Comme les terrasses de gravier vosgien commencent à Pagny-sur-Meuse et que les passages qui s'ouvrent sur la Woëvre à l'Est de Pagny (le Val de l'Ane et le Val de Trondes) sont à la cote moyenne 260 tous deux, on doit se demander s'il est possible de repérer du côté Moselle une traînée d'alluvion sise à une altitude supérieure et aboutissant à ce point fixe, Pagny-sur-Meuse?

Laissant de côté au pied des Vosges tout le glacis de Diluvium vosgien qui s'étend d'Épinal à Sarre-Union par la forêt de Charmes, les deux rives de la Mortagne, les forêts de Mondon et de Parroy et la vallée de la Sarre, cherchons les traces qui en existent depuis les côtes liasiques de la Moselle jusqu'aux côtes de Meuse dans l'axe de la vallée de la Moselle d'Épinal à Toul. Voici, sauf augmentation de leur nombre par une reconnaissance plus complète, les termes supérieurs que l'on repère. On trouve des alluvions vosgiennes aux niveaux supérieurs sur les côtes de Gripport (384 m.), de Laneuville-devant-Bayon (334 m.), de Saffais (348 m.), de Tonnoy (334 m.), de la forêt de Benney (339 m.), vers

Richardménil [1] (300 m.), puis sur la forêt de Haye au-dessus de Chavigny (372 m.) [2], sur les deux rives de la Moselle au-dessus de Sexey-aux-Forges (bois de l'Embaumie-Madame à 313 m. et bois de l'Abbé-Mansuy à 365 m.) [3]. Il est bien évident que ces dépôts suivent rigoureusement la vallée de la Moselle et que, situés tous au-dessus de 300 mètres, à plus de 100 mètres au-dessus de la Moselle actuelle, ils représentent ses hautes terrasses.

Du côté Moselle la terrasse d'alluvion repérée située le plus à l'Ouest, est celle de la cote 235 à 2 kilomètres à l'Est de la ferme Savonnières, dans la vallée de l'Ingressin [4]. Du côté Meuse la terrasse vosgienne la plus méridionale est celle du moulin de Longor, à Pagny, à 245 mètres [5]. Ensuite viennent le cailloutis le long de la route de Pagny à Void, à 285 mètres, et le long de la route de Void à Commercy, à 290 mètres [6], de la côte de Saint-Jean à Sorcy-sur-Meuse (325 mètres), la terrasse entre Vertuzey et Aulnois, à 277, le cailloutis au sommet des côtes qui dominent Vignot à 300 mètres [7], soit une cinquantaine de mètres

1. Meunier, *Mém. soc. philom. de Verdun*, XV.
2. Bleicher, *Bull. soc. géogr. de l'Est*, XXI, 1900, d'après les travaux d'adduction d'eau de la chefferie du génie de Toul.
3. Meunier, ouvrage cité.
4. Bleicher, La vallée de l'Ingressin, *Ann. géogr.*, X.
5. Bleicher, *id.*
6. Raulin, *Mém. soc. philom. de Verdun*, t. XV.
7. Dépôt a_1 sur le 1/80 000 géol. F. de Commercy.

de différence de niveau entre ces traînées. Pour raccorder ces dépôts côté Moselle et côté Meuse on a du quartzite épars vers Lay-Saint-Remy, au bois Haruin, au bois Moncel, sur le Romont[1], sur le Saint-Michel et des seuils entre la Meuse et la Moselle dont les plus bas sont à la cote 260, à 15 mètres au-dessus du moulin de Longor, à 100 mètres au-dessous des dépôts de la forêt de Haye. Un raccord exact par les alluvions ne s'établit donc pas par suite de la disparition de termes intermédiaires. Mais si la présence d'alluvion vosgienne du côté Moselle à une centaine de mètres au maximum au-dessus de la cote actuelle de ces seuils est explicable par la considération que ces dépôts peuvent représenter des conditions très antérieures à la formation de ces seuils, il n'en est pas moins vrai que l'hypothèse d'une unique Moselle-Meuse passant par Toul et Pagny paraît trop exclusive quand on constate qu'il existe du gravier vosgien au Nord du cours logiquement assigné à la Moselle-Meuse. On en trouve au Champ-le-Bœuf et au fort de Frouard, à 357 mètres[2] sur la forêt de Haye, à 365 mètres sur la rive gauche du Rupt de Mad (fermes Saint-Louis et Mazagran) et quelquefois sur sa rive droite vers la ferme Souleuvre[3]. On en trouve à Norroy, sur la rive gauche

1. Bleicher, *Bull. soc. belge géol.* XIII, 1899.
2. Id., *Bull. soc. géogr. de l'Est*, XXI, 1900.
3. Commercy, 1/80 000 géol., dépôt a_1 vérifié.

de la Moselle, à 372 mètres [1]. Comme les terrasses vosgiennes commencent sur la Meuse, à Pagny, à des altitudes comprises entre 245 et 300 mètres, et que ces terrasses n'ont pu venir que de la Haute-Moselle, il est assez déconcertant de trouver, en aval de la Haute-Moselle, du gravier vosgien à des altitudes aussi fortes.

Le grand argument en faveur de la jonction Moselle et Meuse par Toul et Pagny est topographique ; c'est l'existence d'une empreinte fluviale bien déterminée dans la boucle morte du val de l'Ane, dont les alentours sont d'ailleurs jonchés de quar-

1. M. Gallois, Communication orale.

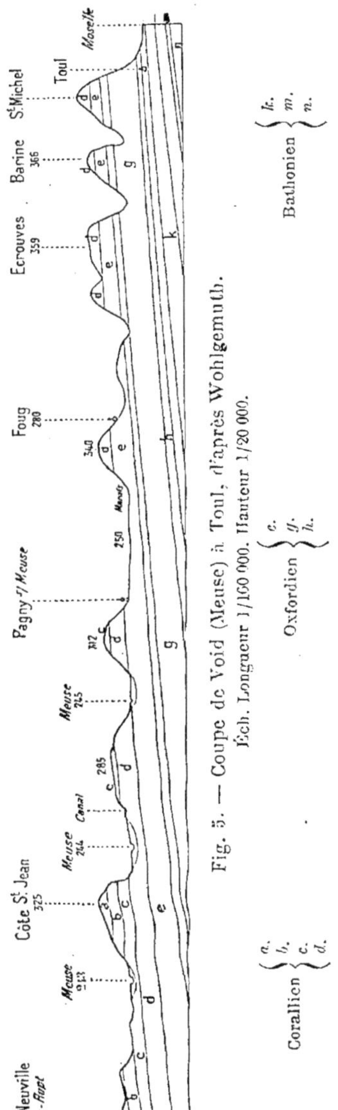

Fig. 5. — Coupe de Void (Meuse) à Toul, d'après Wohlgemuth. Éch. Longueur 1/160 000. Hauteur 1/20 000.

tzites entre 275 mètres et 300 mètres. Si l'on suit
la vallée de la Moselle jusqu'au coude de Toul, où
elle se rapproche le plus de la vallée de la Meuse,
une coupe du terrain tracée en ligne droite de Void,
sur la Meuse, à Toul, montre les étages géologiques réduits par l'érosion à une série de côtes-
témoins, Saint-Michel, côte Barine, côte d'Écrouves,
côte de Foug, côte de Pagny, côte de Troussey, côte
Saint-Jean, et donne l'impression que les méandres
des deux rivières, vifs ou morts, enveloppent ces
côtes. On en suit nettement le rythme qui se déroule
vers l'Ouest dans une direction conséquente avec
la Moselle et avec le prolongement des couches.
Si l'on regarde un plan à grande échelle, on voit le
coude de la Moselle prolongé dans les Côtes de Meuse
par le ruisseau de l'Ingressin, très au large dans une
vallée semblable à un seuil, une forme de vallée aban-
donnée, un tombeau de rivière. Des sources de
l'Ingressin au marais de Lay-Saint-Remy, qui mène
à la Meuse, se dessine en forme de méandre mort
incrusté dans la topographie le val de l'Ane. Tous les
traits caractéristiques d'une capture typique ont été
relevés là par W. M. Davis, le coude par lequel la
Moselle se détache de sa direction primitive à angle
droit sur la Meuse, l'ampleur de la vallée du maigre
Ingressin, la stagnation des eaux dans le marais de

Lay-Saint-Remy, côté Meuse, et la misère tout au moins apparente de la Meuse elle-même dans sa vallée aux proportions monumentales. D'un côté une rivière aux eaux vives et courantes, de l'autre une rivière sans pente qui paraît sur le déclin. Mais l'examen des cotes d'altitude suggère quelques difficultés[1]. Le val de l'Ane est à 265 mètres entre le marais de Lay-Saint-Remy (cote 245 sur la Meuse) et l'Ingressin, qui conflue dans la Moselle, à Toul, à 200 mètres. Si l'on admet qu'une Moselle-Meuse coulait depuis les Vosges à l'emplacement près de sa vallée actuelle et que ses terrasses précédemment énumérées s'étageaient entre 400 et 300 mètres, la cote 265 à laquelle se trouve le méandre fossile est celle à laquelle l'érosion de la Moselle-Meuse était descendue à l'époque où se fit la séparation. Depuis, chacune des deux rivières séparées a creusé son lit indépendamment en se réglant sur des niveaux de base différents, la Meuse à 245 mètres, la Moselle à 200 mètres. Quel témoignage dans ce sens fournissent les galets vosgiens? On les suit à partir du lit de la Moselle jusqu'à une terrasse moyenne située à la cote 235 dans la vallée de l'Ingressin, à 2 kilomètres à l'Est de la ferme Savonnières. Plus haut on ne trouve plus de terrasses mais du cailloutis

---

1. Les cotes sont données d'après le 1/80 000. La cote 235 correspond à la cote 238 du plan au 1/20 000 ci-joint.

vosgien sur le versant des côtes, d'origine évidemment fluviale. M. Bleicher[1] plaçait donc à 235 mètres l'union de la Meuse et de la Moselle et postulait un remblai de gravier vosgien remplissant la différence 235 à 265 mètres des cotes de la dernière terrasse vosgienne et du val de l'Ane. Il bâtissait ainsi l'hypothèse d'une jonction fluviale à l'envers. Comme aucun sondage n'a été fait au val de l'Ane et que la formation d'un remblai de 30 mètres dans une boucle aussi prononcée est difficile à concevoir, il arrivait avec une rigueur géométrique à rejeter la théorie du passage de la Moselle par le val de l'Ane. Il allait là contre l'évidence, parce que la boucle qui entoure le promontoire de Foug ne tolère pas d'autre explication que celle qui l'attribue à une rivière. Que serait ce méandre suspendu à 265 mètres, sans queue ni tête, sur des plateaux où l'on voit du gravier vosgien ? Pourquoi ce méandre s'enchaîne-t-il remarquablement avec la boucle morte occupée par le marais de Pagny et avec la boucle également morte qui se déroule sur la rive gauche de la Meuse entre Ourches et Troussey ? Tout se présente comme si une rivière venue de l'Est avait arpenté par de grandes boucles les côtes de Meuse, et puisque le cailloutis vosgien commence

---

1. La vallée de l'Ingressin, *Ann. géogr.*, t. X.

dans la vallée de la Meuse à Pagny, il faut bien que cette rivière « innommée » soit un ancêtre de la Haute-Moselle. L'existence de gravier vosgien à la cote 300, tout le long de la vallée de la Meuse lorraine de Pagny à Mouzon, exige qu'on place la communication des deux rivières, telle que la conservation des formes et des cailloutis permet au moins de la repérer, aux environs de la cote 300. La cote 265 du val de l'Ane, aujourd'hui en surplomb au-dessus des deux rivières, marque la fin de cette communication. L'existence de gravier vosgien jusqu'au fond de l'alluvion meusienne à même le roc calcaire à Verdun, sous une couche de 10 mètres d'alluvion jurassique à la cote 187, prouve que la Meuse a creusé son lit tant qu'elle a reçu les eaux des Vosges, et que c'est après la capture qu'elle s'est mise à déposer l'alluvion jurassique dans laquelle elle disparaît aujourd'hui. Elle a perdu sa masse d'eau, profilé son lit avec celui de la Haute-Meuse devenue la tête de ses eaux et remblayé ce lit avec l'alluvion jurassique que lui amenait celle-ci.

Le val de l'Ane n'est pas unique en son genre. Il est au centre d'une région de passages qui font communiquer la vallée de la Meuse avec la Woèvre à des altitudes sensiblement égales. Nous connaissons au Sud le col de Ruppes (264 m.) et celui de Vannes-le-Châtel (269 m. à Uruffe), qui paraissent être les témoins des vallées inférieures de cours d'eau desséchés dans la Haye méridionale. Au Nord du val de l'Ane s'ouvre au travers des côtes une série nouvelle de cols ou de vaux (Trondes, Vertuzey, Boncourt, Marbotte, Creue). A l'exception de celui de Creue, qui s'ouvre sur la plaine de Lacroix, au Nord de Saint-Mihiel, et de celui de Trondes, qui s'ouvre sur le marais de Pagny, au vestibule même du val de l'Ane, trois d'entre eux (Vertuzey, Boncourt, Marbotte) débouchent dans le voisinage de Commercy à une altitude très voisine du val de l'Ane (265 m.). Leur creusement paraît avoir été facilité par le contact avec les bancs coralliens très durs des calcaires blancs[1] très friables qui constituent un faciès vaseux[2] du corallien des Côtes de Meuse. C'est le cas surtout à Creue, Boncourt et Marbotte. Au débouché de Creue notamment, le déblaiement de la plaine qui descend vers Lacroix paraît bien dû à l'inconsistance de ces calcaires blancs friables, poreux et gélifs. Leur présence a facilité l'érosion d'une façon certaine, mais celle-ci a été favorisée aussi par la disposition en pli

1. Buvignier, *Meuse*, p. 199 principalement.
2. Wohlgemuth, *Recherches sur le Jurassique*, p. 30.

anticlinal des couches au voisinage de Commercy[1].

Mais quel a été l'agent de cette érosion? Le creusement de ces vaux est-il dû purement au ravinement des côtes de Meuse, qui aurait fini par ébrécher la muraille des côtes? Inversement, sont-ils la partie inférieure de vallées creusées par des cours d'eau qui auraient débouché dans la Meuse après avoir coulé au-dessus de la Woëvre actuelle? Sont-ce des vallées-témoins, comme leur ampleur et leur vide tendraient à le faire croire *a priori*? Remarquons d'abord qu'ils ne sont pas tous du même type. Au premier cas peuvent se ramener le ruisseau de Creue, qui ébrèche à peine la muraille des côtes à une altitude notablement supérieure à celle de la Woëvre (Creue 297 m., Vigneulles 202 m.), et le ruisseau de Marbotte, dont la gorge étroite ne donne pas l'impression d'un manque de proportions. Dans le premier exemple il n'y a pas de seuil de niveau entre la Woëvre et le ruisseau de Creue; dans le second, le contraste si fréquent dans les côtes de Meuse entre l'ampleur du vase et la faiblesse du ruisseau n'a pas lieu. D'autre part la mise au jour du niveau d'eau des argiles oxfordiennes, comme le fait se renouvelle en aval dans les vallons de Sommedieue et de Mouilly, explique la présence

1. Fig, *Anticlinal de Commercy*, d'après M. G. Dollfus (1901).

d'eaux vives affluentes de la Meuse, le niveau des argiles recevant l'eau filtrée dans la masse superposée du calcaire corallien. Le ruisseau de Vertuzey paraît avoir coupé en deux le massif topographiquement solidaire de Gironville et de Boucq, coupure qui se reproduira pour le massif de Gironville échancré profondément du côté Meuse par des ravins dont la tête est très voisine de la ligne de faîte. Ce n'est pas un seuil, car son débouché dans la Woèvre est barré par la petite côte de Reugnon, trait d'union du massif de Gironville et de celui de Boucq. Une ellipse d'alluvions vosgiennes curieusement placée au débouché même du val de Vertuzey dans la Meuse, sur la croupe 277 entre Vertuzey et Aulnois, paraît être non l'apport du ruisseau de Vertuzey, mais celui d'une boucle de la Meuse. Les parois du cirque de la rive concave ayant été détruites par le ravinement du ruisseau de Vertuzey, il ne resterait à ce niveau élevé que le dépôt de gravier, seul témoin du méandre.

Pour ce qui est du val de Trondes (262 m.) et du val de Boncourt (253 m.) véritables seuils qui étonnent par la faiblesse des ruisseaux qui y coulent opposée à leur grande largeur toujours égale en amont et en aval, par leur surface de plain-pied avec la Woèvre, par leur ouverture en entonnoir du côté de la Woèvre, rien ne contredit l'impression qu'ils ont été modelés par des cours d'eau qui de la Woèvre coulaient vers la Meuse. La zone d'étangs qui stagnent à leur entrée du côté Woèvre et de ce côté aussi la contiguïté des sources du Terrouin et du Rupt de Mad, donnent l'idée qu'on se trouve en présence de cours d'eau aujourd'hui tronçonnés en deux sens inverses.

La plaine de la Woèvre, entre les Côtes témoins de Lucey et de Montsec qui se font vis-à-vis, échancre un long segment concave d'une quinzaine de kilomètres de corde dans les Côtes de Meuse qu'elle réduit à leur minimum d'épaisseur, 6 kilomètres seulement vis-à-vis Commercy. La ligne de faîte des Côtes surplombe immédiatement la Woèvre, indice très certain d'une érosion venue de l'Est, et au pied des côtes les versants s'ouvrent en branche d'entonnoir, ceux du val de Boncourt vers l'Est et ceux du val de Trondes vers le Nord-Est. Si saisissante que soit l'impression fluviale que l'on en ressent, il est certain que l'argument tiré des alluvions vosgiennes fait défaut jusqu'à plus ample informé, à moins que les rivières qui perçaient ces trouées ne vinssent pas des Vosges. On trouve bien quelques galets vosgiens à la sortie Est du village de Boncourt, près du ruisseau, mais peut-être venus de la vallée de la Meuse même. On en trouve sur le Romont dans le val de Trondes. Mais d'une manière générale dans toute la Woèvre, du pied des Côtes de Meuse jusqu'aux Côtes de la Haye septentrionale qui leur font face, rien de vosgien n'est connu. Ce que l'altitude de la Woèvre, d'ailleurs, pouvait faire prévoir, son niveau moyen dans cette partie (250 m.) étant très au-dessous des niveaux supérieurs de l'alluvion vosgienne sur la rive droite de la Meuse (300 m. au Nord de Vignot, 280 m. à Vertuzey). On ne retrouve des côtes égales que vis-à-vis sur les plateaux bathoniens. Entre la Haye et les Côtes de Meuse il y a donc une solution de continuité causée par la dénudation, qui rend les raccords impossibles.

Il faut donc convenir que si des rivières ont traversé les Côtes de Meuse, elles coulaient à l'origine sur une surface située au-dessus de la Woèvre actuelle. La Woèvre méridionale, autrefois recouverte par le corallien, ne serait apparue qu'après une longue dénudation. A l'origine elle ne montrait que sa tranche. Un mince ourlet de terrains argileux bordant la lisière du corallien se serait peu à peu développé vers l'Ouest sous l'effort de l'érosion, jusqu'à dégager la Woèvre dont la largeur serait donc un indice de l'usure et du recul subis par cet étage. Le fait d'une plus grande extension vers l'Est des couches jurassiques en Lorraine est d'ailleurs général. On a trouvé des fossiles du corallien dans les fondations du fort de Frouard sur la Moselle [1].

On trouve dans les poches du bathonien près de Nancy et au Sud de Neufchâteau des produits de la dénudation de l'oxfordien qui recouvrait donc à l'Est de son emplacement actuel les plateaux bathoniens [2]. Il n'y a que les limites de cette extension vers l'Est qu'il soit impossible d'assigner.

D'autre part l'effort de l'érosion est manifeste dans la large baie des Côtes coralliennes qui s'échancre entre Montsec et Apremont. Au Nord, Lucey, la côte Barine et le Saint-Michel au Sud, toutes côtes témoins. Un point de convergence des efforts d'une érosion fluviale est visible là. Ce sont des cours d'eau qui ont démantelé et creusé cette partie des Côtes de Meuse dont il est difficile d'expliquer autrement le modelé et les larges couloirs de Trondes et de Boncourt. Mais quels cours d'eau ?

Était-ce la Moselle, qui certainement a méandré autour du Saint-Michel de Toul, témoin de son érosion ? La question revient à choisir entre le val de l'Ane, le val de Trondes et le val de Boncourt. Or l'altitude de 260 mètres commune à ces trois cols laisse conclure qu'ils ont une histoire commune et

1. Bleicher, *Guide du géologue en Lorraine.*
2. Bleicher, Ouvrage cité.

qu'ils ont été évacués simultanément, S'ils étaient à des niveaux différents peut-être pourrait-on croire à une migration de l'embouchure de la Moselle de l'un à l'autre. Leurs directions sont différentes. Le val de l'Ane s'ouvre vers l'Est, le val de Trondes s'embouche perpendiculairement au val de l'Ane au marais de Lay-Saint-Remy. Le val de Boncourt, enfin, est éloigné et s'ouvre vers l'Est. Seul le val de l'Ane s'enchaîne sans effort avec le cours de la Haute-Moselle et avec les méandres vifs ou morts de la Meuse. Le val de Trondes apparaît comme un affluent du val de l'Ane. D'ailleurs ce n'est qu'à hauteur de Toul, où la Woëvre a son minimum d'épaisseur, que des côtes-témoins jalonnent sur une courte distance l'ancienne surface continue qui unissait la forêt de Haye aux Côtes de Meuse. Il y a là une sorte de pont, un trait d'union du relief et de l'hydrographie à la fois. Mais au Nord de Toul la Woëvre s'élargit et 6 à 7 kilomètres séparent le val de Trondes et le val de Boncourt du plateau bathonien de la rive gauche de la Moselle.

On ne retrouve semblable pont qu'au Nord du val de Boncourt, où les côtes d'Apremont et de Montsec traversent toute la Woëvre. Entre ces deux jalons au Sud et au Nord toute trace se perd Il y a là ce que certains écrivains appellent sans inquiétude le lac de Woëvre, alors que tous les indices qu'on observe aux

alentours se rapportent à une érosion de rivières.
D'autre part, dans le cycle hydrographique actuelle-
ment en cours, il est difficile de voir une correspon-
dance entre les rivières qui sont en aval de la Haute-
Moselle (Meurthe et Seille) et les cols de Trondes et
de Boncourt. Trondes est à 260 mètres; Frouard, au
confluent de la Meurthe et de la Moselle, à 200 mètres;
Brin, au coude de la Seille, est à 200 mètres; Metz, à
son confluent, est à 160 mètres. Comment joindre les
deux bouts après un enfoncement pareil des cours
d'eau et l'extrême usure des anciennes surfaces? C'est
cependant dans cet ordre d'idées que s'offre une solution.

Si, dans le cadre restreint de la Woëvre et de la
Haye méridionale, on considère le régime des eaux,
on constate l'absence de ligne de partage entre celles
qui vont à la Meuse (ruisseau de Trondes et de Boncourt) et celles qui vont à la Moselle (Terrouin, Ache,
Rupt de Mad). Une zone d'étangs stagne au pied des
côtes et les ruisseaux des deux versants sont contigus
par leurs sources (ruisseau des Hautes-Bruyères et
Terrouin, ruisseau de Béquillon et Rupt de Mad). Si
du côté Meuse les ruisseaux sont sans pente, du côté
Moselle le Terrouin, l'Ache et le Rupt de Mad prennent
une pente presque torrentielle dès qu'ils atteignent
la Haye bathonienne. Au sortir du plan des argiles

oxfordiennes difficiles à creuser, ils affouillent éner-
giquement le calcaire bathonien. Ce calcaire bathonien de creusement facile leur a permis de capter le
cours supérieur du ruisseau des Hautes-Bruyères et du
Béquillon et d'inverser le cours supérieur de ces derniers [1], parce qu'ils jouissaient de l'avantage de la pente
et d'un niveau de base inférieur. Mais c'est de la
même façon que la Moselle-Meuse a été captée par la
Moselle Messine. L'enfoncement de celle-ci dans le
calcaire bathonien en a fait une rivière offensive
capable de conquérir les eaux d'amont. Quelque
temps les argiles de la Woèvre défendirent contre la
Moselle Messine et ses affluents (Terrouin, Ache,
Rupt de Mad) les eaux qui passaient par les vaux de
l'Ane, de Trondes, de Boncourt, mais les brèches
s'ouvrirent de plus en plus et la Woèvre, qui conser-
vait à la Meuse un reste des eaux de son ancien bassin,
se vida dans la Moselle. Il y a donc eu trois captures
au moins, celles des cours d'eau du val de l'Ane, de
Trondes, et de Boncourt.

Qu'était-ce donc que cette vallée de la Moselle
Messine capable de couper d'un trait si tranchant
l'ancien bassin meusien? Qu'est-ce que cette région

1. A. de Lapparent, *Leçons de géographie physique*.

de Toul, Commercy, Metz, Nancy qui apparaît comme un champ de bataille de rivières? Qu'est-ce que ce versant du plateau lorrain du Donon à Epinal, à Toul et à Commercy dont les rivières, si on prolongeait leur direction, viendraient toutes confluer dans cette région de Toul, Commercy, vers laquelle la Moselle décrit un coude suggestif?

Il y avait d'abord là un versant très net qui des Vosges gréseuses s'étendait jusqu'aux côtes de Meuse. Ce sont les conditions primitives que la formation du bassin de la Moselle a fait disparaître en changeant les directions de drainage. De sorte que nous voyons aujourd'hui en avant des Vosges un glacis au profil aplani (300 mètres en moyenne) vers lequel coule le réseau de la Meurthe et, à l'Ouest, au contraire, un relèvement de la surface en une série de paliers que bordent les escarpes des côtes liasiques, bathoniennes et coralliennes. L'avant-pays vosgien, ces grands talus d'alluvion que nous voyons aujourd'hui le long de la Mortagne, de la Meurthe, de la Vezouse, du Sanon, en amont de la Seille et le long de la Sarre, depuis la Moselle à la forêt de Charmes jusqu'à Sarre-Union, et depuis Dombasle jusqu'aux flancs du chaînon de la vallée de Celles, où leurs premiers lambeaux apparaissent à 400 mètres, devait s'étendre en s'effilant à l'Ouest par-dessus les côtes liasiques et bathoniennes. Le profil de ce glacis est descendu par suite de l'abaissement du niveau de base de toutes ces rivières. Les rivières étant soutirées, la ruine de l'ancienne surface a commencé. Il en est resté partout des témoins : à l'Est ces lambeaux collés [1] aux Vosges (400 m.) que le sillon du muschelkalk, où coulent Vezouse, Blette et Verdurette, sépare aujourd'hui des grands talus vosgiens de la forêt de Paroy et de Mondon (300 m. en moyenne); à l'Ouest ces débris vosgiens qu'on trouve sur les côtes liasiques et bathoniennes de la Moselle au Sud et au Nord du val de l'Ane entre 300 et 400 mètres. Sur la rive droite de la Moselle, de Pont-Saint-Vincent à Metz, est aujourd'hui le front d'attaque des eaux de ce versant, front d'attaque qui fut autrefois les Côtes de Meuse. L'échancrure d'érosion de la forêt de Haye, où est bâtie Nancy, rappelle en petit l'échancrure des côtes de Meuse sur la Woèvre entre Apremont et Toul. Les côtes liasiques à chapiteau bajocien qui s'étendent entre Seille et Moselle, de Nancy à Metz, représentent par leur démantèlement et leur tronçonnement en chapelet de côtes ce que les côtes de Commercy seraient devenues si l'érosion fluviale avait continué à les ronger. De même que la Haye domine la

---

1. Que la carte 1/80 000 Lunéville attribue à une formation fluviale allant de la Meurthe à Bertichamps, à la Sarre, à Niderboff. Lettre P.

Woèvre, ces Côtes d'entre Seille et Moselle, dont l'altitude moyenne est de 400 mètres, dominent d'une cinquantaine de mètres les côtes de la rive gauche de la Moselle entre Frouard et Vandières, à partir d'où le plateau bathonien se relève vers Briey. De toute la Woèvre méridionale la côte de Mousson s'aperçoit au-dessus de la Haye. Il y a là les restes d'une surface inclinée vers Toul et Commercy, dans un encadrement de gravier vosgien puisqu'on en trouve au-dessus de Gorze à 365 mètres, au-dessus de Norroy à 372 mètres, comme à Frouard et au Champ le Bœuf à 357 mètres.

A l'Est de la forêt de Haye et des côtes d'entre Seille et Moselle la vue se prolonge jusqu'aux Vosges sur une surface émoussée par l'érosion, tandis que le long de la vallée de la Haute-Moselle se relaient jusqu'aux Vosges les côtes liasiques, triasiques et du muschelkalk en reliefs plus distincts même sur la rive droite (367 m. à Saffais, 413 mètres à Belchamps 365 à Balmont). Les auteurs de cette destruction si complète sont encore sur place. C'est d'abord la Meurthe, collecteur de tout un réseau de rivières qui a couvert de ses graviers les pentes de la forêt de Haye au-dessus de laquelle elle a coulé. Ensuite c'est la Seille, dont la direction d'Est en Ouest jusqu'à la Meurthe normalement aux côtes est si frappante, direction prolongée jusqu'à la Meurthe par l'Amezule.

A partir de ce coude la Natagne, la Mauchère, le seuil alluvial de la forêt de Facq entre Nomeny et Pont-à-Mousson surtout attestent la fréquence de cette direction d'écoulement normale aux côtes. La Seille à Nomeny n'est qu'à 6 kilomètres de la Moselle. Tout ce système de rivières nettement orienté vers l'Ouest a subi vers le Nord une série de décrochements par suite de l'appel du niveau de base de la Moselle à Metz (160 m). Toutes ces rivières ont coulé à une époque par-dessus la Haye et c'est la formation de la vallée de la Moselle Messine qui a vidé la Woèvre et la Haye des rivières qui l'occupaient précédemment. De proche en proche la Seille, la Meurthe et la Haute-Moselle ont été captées à travers le calcaire bathonien. De nouveaux thalwegs se sont créés, orientés vers le Nord. Finalement l'aplanissement du profil a marqué comme un cran d'arrêt à l'érosion. On voit se former à la rencontre des côtes jurassiques ou des dolomies et calcaires du Trias de petits bassins où les rivières prennent une nouvelle orientation : ainsi le bassin de Lunéville (226 m.) au confluent Meurthe, Mortagne et Vezouse, le bassin de Dombasle (220 m.) au confluent du Sanon et de la Meurthe, le bassin de Nancy à 200 mètres, situé au-dessous de celui de Pont-Saint-Vincent à 218 mètres, ce qui donne une chance pour que dans l'avenir la Moselle

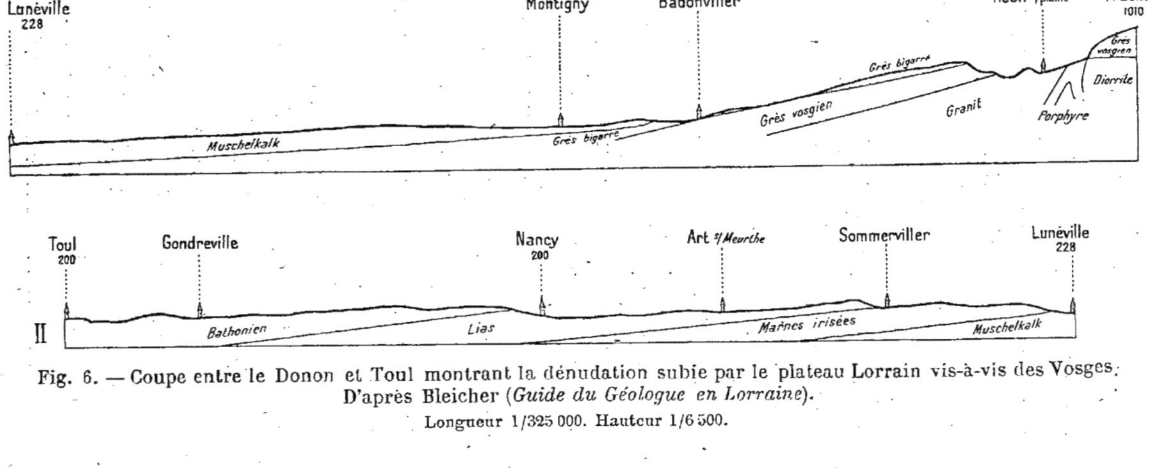

Fig. 6. — Coupe entre le Donon et Toul montrant la dénudation subie par le plateau Lorrain vis-à-vis des Vosges. D'après Bleicher (*Guide du Géologue en Lorraine*).

Longueur 1/325 000. Hauteur 1/6 500.

de Pont-Saint-Vincent soit captée par la Meurthe
de Nancy. La Seille surtout est remarquable. Elle
occupe, entre Dieuze, Marsal et Vic, le fond d'une
cuvette d'étangs qui a été littéralement vidée. C'est le
niveau le plus bas de toutes ces rivières (210 m. à
l'étang de Lindre d'où elle sort, 160 m. à Metz). Tout
autour d'elle le Sanon, la Sarre, la Nied française
sont à l'altitude de 250 mètres. Alors qu'elle aurait
de si belles occasions de captures si elle avait encore
de la pente, aux dépens du Sanon par le ruisseau des
Salines, aux dépens de la Sarre par la vallée que
suit le canal des Salines et aux dépens de la Nied
par la Petite-Seille de Château-Salins, elle a l'aspect d'une rivière déchue, d'un bassin vidé par la
Moselle. Selon toute apparence le bassin de la Seille
jusqu'à Vic appartenant à la région des étangs, la
Seille amorça l'épuisement de cette zone d'étangs
qu'elle finit par vider. Elle est donc aujourd'hui sans
pente et par conséquent sans force de capture vis-à-
vis les rivières voisines. Une ligne tectonique, les
cuvettes salifères du synclinal de Sarreguemines
qu'on suit de Dieuze (206 m.) par Marsal et Brin dans
la vallée de la Seille, vers Dombasle (220 m.) par le
Sanon, et dans le bassin de Lunéville (226 m.),
coïncide avec cette succession de bassins hydrographiques. La pente de la Seille est de 0^m,50 par kilo-

mètre, égale à celle du Sanon et de la Meurthe de
Lunéville à Dombasle. En amont de Lunéville, au
contraire, la pente de la Meurthe est de $1^m,55$ par kilomètre, celle de la Vezouse de $1^m,35$ jusqu'au Vosges.
La pente de la Moselle entre Épinal et Frouard est
de $1^m,40$ par kilomètre, en aval jusqu'à la Lobe de
$0^m,37$, en aval jusqu'à Metz de $0^m,60$ par kilomètre.
La pente de la Sarre entre Sarrebourg et Sarreguemines est de 1 mètre par kilomètre, en aval de $0^m,30$
seulement jusqu'à son entrée dans les montagnes
rhénanes où, comme la Moselle, elle recommence à
couler rapidement. Toutes ces rivières s'amortissent
et se règlent sur le palier couvert fréquemment
d'étangs de la Lorraine entre Meurthe, Moselle et
Sarre. Quelque chose mollit dans toutes les lignes de
la surface et dans le profil des rivières, dans toute la
région salifère qui s'étend entre les étangs de la Sarre
et les côtes liasiques à Dombasle. Les anciennes surfaces sont plus qu'ailleurs réduites à l'état de témoins
et les assises profondes du sol se trouvent rapprochées
de la surface actuelle. Une sorte de plaine Lorraine
nivelée par l'érosion s'oppose à la Lorraine inachevée
des Côtes au cœur même du Plateau lorrain. C'est la
répercussion à la surface d'une des lignes tectoniques
du Plateau lorrain, le synclinal de Sarreguemines qui
porte les gîtes salifères.

Le drainage actuel de cette région s'opère au travers de l'anticlinal lorrain Sarrebrück. — Pont-à-Mousson-Commercy, vieil anticlinal primaire gîtant à Pont-à-Mousson sous 700 mètres de terrains, mais dont la répercussion se fait sentir sur les terrains secondaires de la surface par une succession de dômes et de cuvettes isolés par des failles[1]. Toute la région d'entre Seille et Moselle, morcelée par le relief et l'hydrographie, l'est aussi par la dénivellation des couches séparées par des failles. La Seille et la Moselle se fraient une voie dans ce damier par des boucles vives dans la vallée de la Seille et mortes aujourd'hui dans la vallée de la Moselle. Mais un accident plus important coupe dans le sens transversal et en coïncidence avec la vallée de la Moselle tout cet anticlinal lorrain, c'est la faille de la vallée de la Moselle[2] qu'on suit de Custine par Dieulouard, Montauville, Jezainville jusqu'à Vandières, à 5 kilomètres de Pont-à-Mousson. Au Nord de l'anticlinal lorrain une autre faille en coïncidence avec la vallée de l'Orne croise à Metz la direction de la première. Puis ce n'est plus, du plateau de Briey et de Luxembourg jusque dans la vallée ardennaise de la Moselle, qu'une succession de failles de direction hercynienne qui forment

1. Nicklès, *Tectonique du secondaire en Meurthe-et-Moselle.*
2. *Id., ibid.*

dans leur ensemble le géosynclinal de Luxembourg.
Qu'une rivière comme la Moselle, affluent du Rhin,
puisse, de Trèves par Metz jusqu'à Dieulouard, s'imposer à une surface ainsi faillée par le contre-coup de
la formation de la vallée du Rhin, sans en subir la
dépendance, c'est ce qui ne paraît pas possible. Aussi
voyons-nous dans cette région faillée de Luxembourg,
Trèves, Metz, Dieulouard, contre-coup de la formation de la vallée du Rhin, les conditions qui ont facilité à la Moselle sa marche offensive dans le bassin
meusien-vosgien à travers la Haye bathonienne.

C. *La Woèvre septentrionale et les Côtes de la Meuse.*

Cette région, qui commence aux côtes-témoins d'Apremont et de Montsec et au promontoire de Hattonchâtel, se laisse comprendre dans l'ancienne extension du bassin de la Meuse à laquelle appartient encore aujourd'hui le réseau de la Chiers. Comme la Woèvre méridionale, elle témoigne d'une dénudation intense de la plaine oxfordienne, mais dans d'autres conditions de drainage. On n'y connaît pas d'alluvions vosgiennes. Les côtes qui séparent la vallée de la Meuse de cette partie de la Woèvre n'en portent pas non plus et témoignent d'une érosion différente.

La Woèvre septentrionale est comme séparée de la Woèvre du Sud par l'avancée vers l'Est du promontoire de Hattonchâtel. On sent que d'autres rapports d'érosion commencent au Sud et au Nord de ce témoin respecté par les eaux. Au Sud l'encadrement de la Woèvre n'est pas formé seulement par la Haye septentrionale, mais par les côtes témoins d'entre

Seille et Moselle qui dominent la Haye. Au Nord
s'évase une cuvette où se rassemblent les eaux qui
s'échappent par la Chiers et par le goulot de l'Orne
au travers du plateau bathonien de Briey, dont les
cotes d'altitude se relèvent jusqu'à 365 mètres au-
dessus de Gorze et à Roncourt, à 400 mètres à
Aumetz, à 430 à Tiercelet, à 376 mètres au Nord-
Ouest de Montmédy. C'est le Haut-Pays, la Montagne.
Au Nord de Hattonchâtel les cols qui réunissent presque de plain-pied la Woëvre avec la vallée de la
Meuse cessent. Les Côtes sont un cadre fermé pour la
vallée de la Meuse sans ouvertures sur le dehors. Par
le travers du saillant de Hattonchâtel elles ont leur
maximum d'épaisseur (14 km.) qui diminue progres-
sivement vers le Nord. La ligne de faîte est à 2 kilomètres environ de distance de la Woëvre au lieu de
la surplomber directement comme dans le rentrant
de Commercy, indice d'une moindre usure et d'une
érosion autrement orientée. De part et d'autre de la
ligne de faîte un versant de pente égale au début se
ravine profondément. Ces ravins secs sont particulièrement nombreux sur le versant meusien exposé aux
vents d'Ouest et où le niveau de base est placé plus
bas (200 m. à Verdun contre 250 m. à Abaucourt au
pied des Côtes). Ils débutent par un escarpement
creusé dans les roches gélives et fissurées du sommet

puis s'incurvent régulièrement en forme de croissant vers l'amont de la vallée où ils débouchent sur des masses de « grouine », sables et cailloutis coralliens, qualifiés d'alluvion ancienne par la carte géologique, qui amortissent la pente. Cette forme incurvée vers l'amont qui se retrouve très nette dans les coteaux portlandiens de la haute vallée de l'Ornain, paraît la résultante de deux directions, la première tracée perpendiculairement à la seconde dans le sens du versant principal et la seconde dans le sens du versant secondaire (vers l'affluent). Les masses de grouine[1] descendent en général sur le versant concave en strates ondulées et souvent très inclinées jusqu'à 45 degrés et parfois dans le sens contraire aux pentes qui vont vers la Meuse. Ce ne peut donc pas être des alluvions de la Meuse, que ces dépôts à flanc de ravin qui ne contiennent d'ailleurs pas un quartzite. Buvignier[2] attribuait l'origine de ces sables à la désagrégation par la gelée des calcaires poreux et gélifs dans lesquels se creusent les escarpements supérieurs. Une production de sables d'origine semblable a été constatée dans le corallien du Poitou[3]. La grouine paraît donc être un dépôt de dissolution et de désagrégation

---

1. A de la feuille de Verdun. Ex. aux environs de Verdun.
2. *Stat. Meuse*, p. 299.
3. Par M. Welsch.

du calcaire par la gelée et par l'eau. Des conditions favorables à cette formation se rencontrent d'ailleurs dans les Côtes de Meuse. Ainsi au Nord de Verdun la présence d'une couverture de marnes astartiennes respectées par l'érosion au-dessus des côtes coralliennes de la rive droite, joue vis-à-vis de ces calcaires le rôle d'une véritable éponge et facilite l'imbibition par l'eau du roc sous-jacent, par suite son effritement. Ainsi s'érodent les côtes de la rive droite de la Meuse qui dominent de leur altitude voisine de 400 mètres (on les appelle localement la Montagne) la rive gauche plus basse (300 m.), c'est-à-dire le plateau agricole qui s'étend au Nord de Verdun jusqu'aux témoins de l'Argonne. Elles semblent avoir été à l'abri de l'érosion de la Meuse. Si des cirques les entament, on ne trouve pas un quartzite au-dessus de ces cirques de Saint-Mihiel à Dun, tandis que tout le long de la rive opposée s'étagent des traînées de cailloux vosgiens jusqu'à la cote 300.

Du côté de la Woëvre des vallons secs et souvent sableux descendent de la ligne de faîte et festonnent le bord de la falaise. Entre chaque rentrant un saillant s'avance, prolongé à mi-côte par un long éperon de 1 et quelquefois 2 kilomètres qui témoigne de l'ancienne extension des côtes plus à l'Est. Dans chaque rentrant, au contact des marnes et des calcaires supérieurs, des sources se rassemblent et sapent le pied de la falaise. Cette côte de Woëvre régulièrement ciselée par les sources et régulièrement alignée ne montre pas des signes d'attaque de front par les cours d'eau comme le grand cirque des côtes au Sud de Hattonchâtel. Cependant à 1 ou 2 kilomètres en face s'alignent des côtes-témoins. La vallée des Éparges, bordée par un chapelet de côtes-témoins, frappe par son orientation Sud-Nord. A une dizaine de kilomètres plus au Nord, le groupe des côtes-témoins ou « fausses-côtes » de Damvillers (côtes de Romagne, de Horgne, etc.), également orienté parallèlement aux côtes, montre par l'usure et l'isolement de ses parties ce que sera dans l'avenir la vallée des Éparges. Enfin dans tout le Nord de la Woëvre, mais surtout dans la partie appelée Grande-Woëvre, autour de Fresnes, des limons pliocènes et des dépôts de décalcification couvrent les argiles oxfordiennes [1]. Ces faits indiquent une dénudation intense aux dépens du plateau corallien, dont l'ancienne extension plus à l'Est, par-dessus ce fond de bateau qu'est la Woëvre septentrionale entre les côtes de Meuse et les plateaux bathoniens du district minier de la Moselle, est témoigné par l'existence de ces caps, de ces fausses-côtes et de ces alluvions calcaires.

1. P. de la F. de Metz, 1/80 000 géol.

Les débris de cette dénudation n'ont jamais été entraînés directement vers la Meuse, car, aussi bien que les alluvions typiques, les indices d'anciens sillons fluviaux font défaut sur les côtes de la rive droite de la Meuse, la Montagne. Mais ces débris ont été entraînés vers la Meuse par l'intermédiaire des affluents de la Chiers, et vers la Moselle. De ces deux directions perpendiculaires le drainage vers la Moselle est le plus récent dans le Nord comme dans le Sud de la Woëvre. Le bas niveau de la Moselle (160 m. à Metz) en contrebas de la Woëvre (220 m. en moyenne), joint au ravinement facile du bathonien haché de failles, troué de pertes et rempli de plans d'eaux, a permis à la Moselle de soutirer par la vallée-faille de l'Orne, contre-coup d'événements analogues dans tout le synclinal du Luxembourg, les cours d'eau de la Woëvre septentrionale. On est frappé des longues racines que poussent vers le Sud les affluents de la Chiers, Teinte, Loison, Othain, que des seuils sans relief unissent à la vallée moyenne de l'Orne orientée Nord-Ouest-Sud-Est comme les cours d'eau pré-cités, tandis que la vallée inférieure du même cours d'eau ravinée dans le bathonien se place presque per-pendiculairement à ces alignements, comme si l'Orne inférieure avait ouvert une trouée dans un ancien réseau hydrographique. Au Sud de l'Orne tout le réseau des ruisseaux a été dévié par celle-ci sans qu'on puisse retrouver l'ancien système. Toutefois la vallée des Éparges, orientée rigoureusement Sud-Nord, est par sa direction une singularité qui ne s'explique que par l'hypothèse qu'elle est le témoin de la partie supérieure d'une vallée où un cours d'eau se dirigeait autrefois vers le Nord, un fragment de vallée témoin se rattachant aux cours d'eau du bassin de la Chiers.

En considérant l'ensemble de ces indices topographiques et hydrographiques d'alignements du Sud au Nord-Ouest, on est tenté de reconnaître dans ces tronçons les restes décapités par l'Orne d'un réseau d'affluents de la Chiers. Mais ces captures par l'Orne sont consécutives à la dénudation de la Woëvre entamée d'abord par le réseau de rivières orienté vers la Chiers parallèlement aux côtes. L'Orne, liée au bas niveau de la Moselle à Metz (160 m.), a soutiré les eaux de la Woëvre et achevé dans le sens de la Moselle la dénudation commencée dans le sens de la Chiers.

CHAPITRE V

La Meuse et l'Argonne.

Après avoir examiné le côté lorrain de la vallée de
la Meuse et constaté que, la barrière des côtes de
Saint-Mihiel à Dun exceptée, la rive droite de la
Meuse portait partout l'empreinte de communications
plus ou moins perdues avec le plateau lorrain, une
mauvaise raison de symétrie pousserait à chercher du
côté de la Champagne le pendant de ces relations.
Rien cependant ne fait prévoir que la rive gauche de
la vallée permette une extension aussi lointaine des
affluents que la rive droite. Du côté gauche il y a une
barrière fermée depuis les sources de la Haute-Meuse.
Du côté droit il y a des seuils et la proximité du
centre de dispersion des eaux, les Vosges. De plus
nous sommes avertis que la figure actuelle du bassin
de la Meuse est trompeuse. La Meuse de Commercy
s'articulait avec la Moselle et ses affluents, et la Haute-

Meuse en est sur la rive gauche le pendant que
d'instinct nous cherchions. L'ancienne Meuse n'a pas
eu un bassin absolument dissymétrique si l'on veut
bien considérer la position de l'ancienne Moselle-
Meuse par rapport à la Haute-Meuse. Mais en aval du
confluent de la Haute-Meuse, la Meuse a-t-elle eu des
affluents de gauche?

Nous ne reviendrons pas à l'examen des dépôts
vosgiens qu'on trouve principalement sur les témoins
de l'Argonne à l'Est de la vallée de l'Aire, mais aussi
dans la vallée de l'Aire en deux endroits, et en
moindre abondance sur les deux rives de la Biesme
en pleine Argonne, alluvions qui nous paraissent
avoir été déplacées par l'érosion de l'Aire et de la
Biesme du lieu de leur premier dépôt, la rive gauche
de la Meuse, à l'époque où la Meuse alluvionnait à
300 mètres d'altitude. Mais nous rappellerons que ces
dépôts ont inspiré aux premiers observateurs, Boblaye
et Buvignier, l'opinion que la Meuse avait débouché
dans la Champagne. Cette opinion, dont ce qu'on sait
aujourd'hui de la vallée ardennaise de la Meuse
démontre l'erreur, était causée chez Boblaye et Buvignier par l'ignorance du mécanisme de l'érosion.
Buvignier avait une tendance à regarder tous les cols
de la rive gauche de la Meuse comme l'empreinte
d'anciens sillons fluviaux. Comme il avait eu le

mérite de remarquer la liaison de la vallée de la Meuse de Pagny à Mouzon avec le cailloutis vosgien, on s'étonne de le voir poursuivre des divagations de la Meuse à travers l'Argonne par la suggestion de ces dépôts vosgiens de l'Argonne qui sont bien là pour égarer l'esprit. Or quand on a affaire à un trait du sol manifestement aussi ancien que la vallée de la Meuse, c'est dans la vallée même qu'on trouve la trace de ses divagations passées sans chercher aussi loin.

Boblaye et Buvignier ont opiné en faveur d'un ancien passage de la Meuse à travers l'Argonne par le défilé du Chesne. Sans préjuger ce que l'examen de l'Ardenne fait valoir contre une pareille hypothèse, la vraisemblance topographique qui lui est au moins nécessaire, manque totalement à l'étroit vallon par où le canal des Ardennes joint l'Aisne à la Bar au Chesne-Populeux. La présence de quelques quartzites à Champigneulles dans la vallée de la Bar n'est même pas une présomption, non plus que l'existence du col de Gesnes (246 m.) sur cet alignement Montfaucon, Saint-Juvin, le Chesne, à l'origine duquel on trouve bien de l'alluvion vosgienne.

Buvignier a attribué une origine fluviale à tous les cols du Barrois, où d'ailleurs on ne trouve pas un caillou vosgien. Il passe en revue le col de Blercourt, à 284 mètres, entre la Scance, affluent de la Meuse, et le Wadelaincourt, affluent de l'Aire ; le col de Heippes, à 272 mètres seulement, entre le ruisseau de Récourt (Meuse), et le Flaburieux (Aire), et même plus au Sud, le col de Saulx-en-Barrois, à 340 mètres, entre Meuse et Aire, et le col de Bovée, à la même altitude, entre Meuse et Ornain.

L'altitude élevée de ces cols vis-à-vis les vallées voisines de la Meuse (200 m. à Verdun) et de l'Aire (130 m. à Grand-Pré) devrait mettre en garde contre une pareille hypothèse. Ils ne sont point analogues à ces cols des Côtes de Meuse qui débouchent de plain-pied sur la Woèvre et sur la Meuse et qui sont de véritables seuils. Ils se creusent au milieu des coteaux portlandiens du Barrois, élevés de 300 à 400 mètres, véritable obstacle à l'Ouest du cours de la Meuse.

Il faut attribuer l'origine de ces cols à l'érosion régressive des cours d'eau du versant opposé à la Meuse et se rappeler que les coteaux du Barrois, qui ferment comme un écran le bassin parisien, sont la ligne du maximum pluviométrique de la contrée. Les cols se rattachent au bassin parisien non au bassin lorrain. Une dénudation intense a ruiné les ceintures orientales du bassin parisien à l'Ouest du Barrois. Un niveau de base ravageur a permis à un groupe de rivières qui confluent aujourd'hui dans le Perthois, de raser les collines de l'Argonne, au Sud de Beaulieu et de Passavant, jusqu'au niveau des sables verts. Au Nord l'Argonne s'est conservée d'un seul tenant sur la rive gauche de l'Aire, mais l'action du niveau de base de la Champagne a imprimé à toutes ses rivières, Wadelaincourt, Cousances, Aire, Biesme (dont le cours supérieur est tronqué), une torsion vers l'Ouest tandis que leurs eaux de tête pénétraient le calcaire portlandien et ne ralentissaient leur érosion qu'au contact des marnes kiméridgiennes où les versants s'évasent, où se forment les cols, l'érosion au lieu de se faire en profondeur gagnant en largeur. Ainsi ont progressé l'Aire et ses affluents. Leur cours s'est établi très probablement sur la surface de la gaize dont les témoins s'étendent jusqu'à la Meuse. Il est descendu par dénudation de la gaize et par encaissement dans le portlandien jusqu'au contact des marnes kiméridgiennes et du calcaire astartien où l'Aire se perd près de ses sources. La raison de cet allongement du cours vers l'amont est la descente du niveau de base de l'Aire depuis sa capture à Grand-Pré par l'Aisne. Elle est descendue à 130 mètres et son érosion remontante a tellement rapproché ses sources de la Meuse (une dizaine de kilomètres), que c'est par ses eaux de tête et les cols qu'elles ouvrent qu'on aurait cru qu'elle avait été en relation avec la Meuse dans le passé, alors que c'est par son embouchure. Il est bien certain que l'Aire a été un affluent de la Meuse.

La disposition tangentielle, tournante par rapport au bassin parisien, des rivières qui sont à l'Ouest du Barrois (Haute-Marne, Ornain, Aire, Aisne) est un fait relativement récent dû à la dénudation et au niveau de base du bassin parisien. Toutes ces vallées d'apparence faussement monoclinales, car elles entrent de biais dans tous les étages et ne coulent que de date récente en ceinture de la partie la moins dénudée d'un étage, montrent dans leur cours supérieur une orientation persistante vers le Nord-Ouest de la Champagne, orientation qui se reproduit dans la Suippes, dans la Vesle, dans les marais de Sissonne, malgré les grandes coupures qu'y ont faites les rivières sécantes l'Aisne et la Marne.

Toutefois ce ne sont là que des présomptions. Seul le cas de l'Aire-Bar offre la certitude nécessaire. Il est admis, depuis les observations de W. M. Davis, que l'Aire et la Bar n'étaient autrefois qu'une même affluent de la Meuse. Une vallée qui renfermait autre fois le même cours d'eau contient aujourd'hui des rivières coulant dans des sens opposés, la Bar et l'Agron, d'une part, l'Agron et l'Aire d'autre part. L'Aire, qui coule à 130 mètres à Grand-Pré, aurait été captée par l'Aisne qui coule à un niveau plus bas

(100 mètres). Il se serait produit là le rapt que plus au Nord la Fournelle, autre affluent de l'Aisne à travers l'Argonne, s'apprête à commettre aux dépens de la Bar. L'examen des alluvions confirme d'ailleurs l'idée de la destruction de ce cours d'eau unique par une capture. Une puissante séries de terrasses d'alluvions jurassiques et de la gaize se poursuit sur le même plan à la cote 180 vers le confluent de l'Aire et de l'Agron. Ces terrasses, souvent marquées par des villages (Marcq, Saint-Juvin, Beffu, Verpel), sont sciées aujourd'hui par ces deux cours d'eau qui confluent à Grand-Pré à 130 mètres. En aval dans la vallée de la Bar, à Ambly, on trouve des alluvions appartenant aux sables verts de l'Argonne sous 12 mètres de dépôts plus récents[1].

L'absence de partage des eaux entre l'Agron et la Bar confirme cette manière de voir. La boucle morte de Buzancy où circula autrefois l'Aire-Bar par un méandre puissant de 3 kilomètres de flèche, est une plaine occupée par des oseraies et des prairies marécageuses où le partage des eaux entre l'Agron et la Bar n'a pu se faire qu'artificiellement. La carte de Cassini, un plan de 1729 et les traditions locales confirment que la Bar sortait autrefois du village de Bar qui lui donna son

1. Lapparent, Un épisode de l'histoire de la Bar, *Ann. géogr.*, t. VI, p. 79-80.

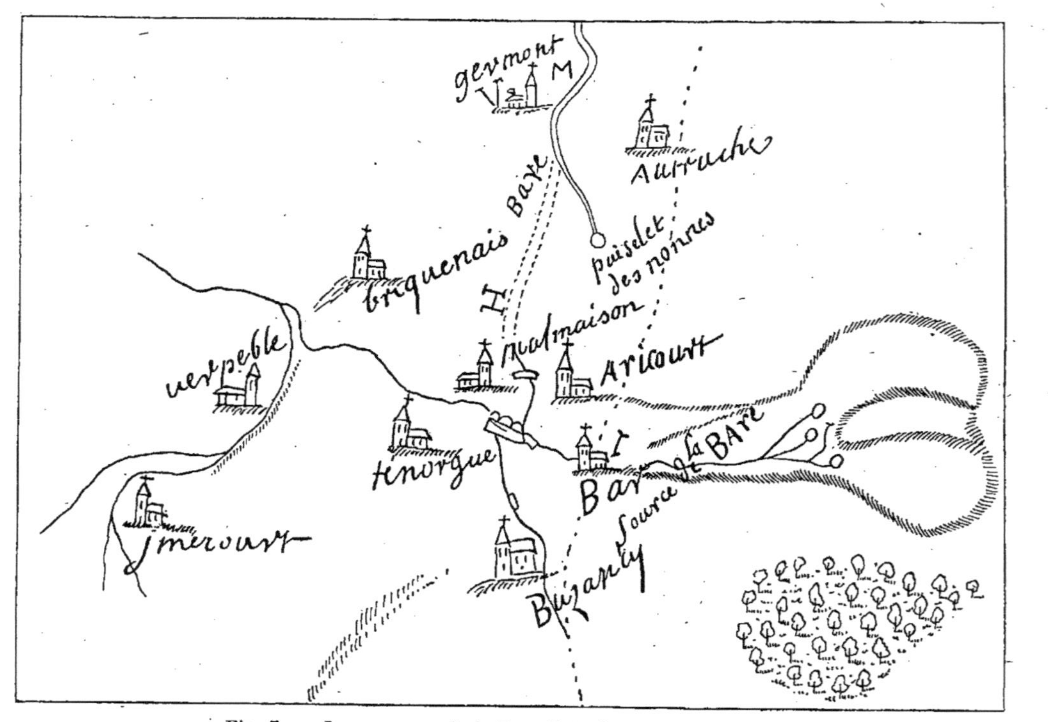

Fig. 7. — Les sources de la Bar. Extrait d'un plan de 1729.
Archives des Ardennes.

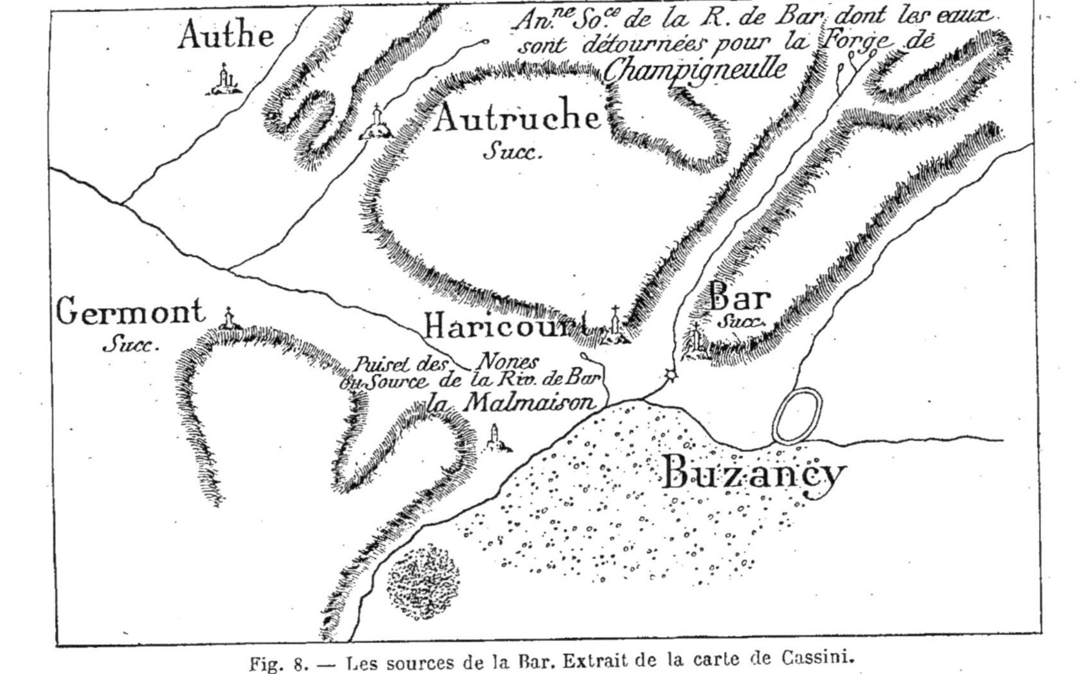

Fig. 8. — Les sources de la Bar. Extrait de la carte de Cassini.

nom. Mais les forges qui s'établirent en aval sur l'Agron et les moulins de Verpel firent rechercher la captation des sources de la Bar pour renforcer l'Agron. Elle se fit par le ruisseau du Moulin, canal creusé de main d'homme, qui circule entre deux remblais dans un terrain tout à fait plat. D'ailleurs des canalisations répétées, aux xviie et xviiie siècles, tant du côté de la Bar que du côté de l'Agron, ont épuisé les eaux stagnantes qui couvraient l'ancienne boucle de Buzancy. Ainsi s'est déplacé et constitué artificiellement le partage des eaux sur un terrain où la circulation topographiquement manifeste d'une seule et puissante rivière n'avait laissé que des eaux stagnantes. Comme la Meuse à Dun, l'Aire-Bar perçait ensuite la barrière du bathonien à Vendresse par un méandre analogue à celui de la Meuse à Mouzon. Elle se termine à Donchery par le méandre dont la côte de Cheveuges porte la trace.

L'Aire-Bar, comme la Chiers, renforçait la Meuse au seuil de l'Ardenne. C'était donc le niveau de la vallée ardennaise qui constituait son niveau de base et comme celui-là se creusait lentement, le profil de l'Aire-Bar s'était équilibré, et il s'était produit cet énorme remblaiement d'alluvion dont on voit l'épaisseur à Grand-Pré.

Aller plus loin n'offre plus rien de sûr. On ne peut pas dire par exemple que l'Aisne supérieure a été un affluent de l'Aire-Bar[1], car bien qu'il soit certain par l'altitude des hautes terrasses de la vallée de l'Aisne que celle-ci a coulé en un temps à la même cote que la Bar et que l'Aire, tout se présente comme si la barrière intacte de la gaize les avait toujours séparées. La trouée de Grand-Pré s'explique fort bien comme une capture de l'Aire par l'Aisne, phénomène qui se reproduit sous nos yeux dans la vallée de la Fournelle, mais ne s'adapte nullement par ses contours topographiques à un cours inverse de l'Aisne dans l'Aire. D'ailleurs la descente du niveau de l'Aisne supérieure s'explique par la marche offensive d'une rivière du bassin parisien, l'Aisne champenoise. Le péril a toujours été du côté du bassin parisien, où aucun seuil d'une dureté comparable à l'Ardenne ne ralentit l'érosion, comme c'est le cas pour la Meuse, dont le cours chanceux vers l'Ardenne n'a jamais été en état de capter des rivières du bassin parisien. Les rives de l'Aisne supérieure sont dominées, depuis le Perthois jusqu'en aval de Sainte-Menehould, par des terrasses d'alluvion du jurassique et de la gaize sises

---

[1]. Cap. Paul Bois. Sur les variations de la Meuse à l'époque quaternaire. *Comptes rendus Académie des Sciences*, CXXXVII, juillet 1903, p. 85-88.

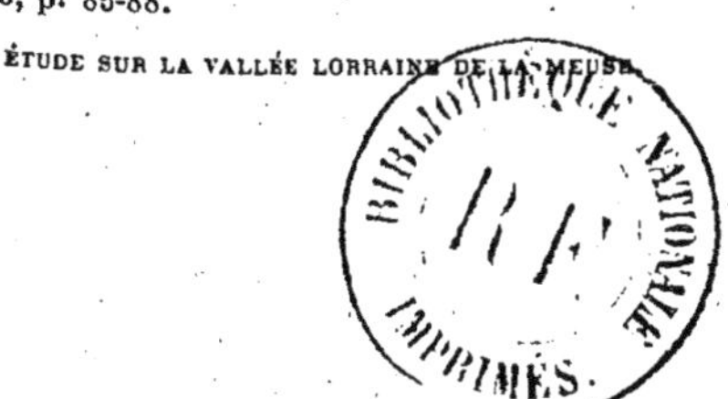

uniformément à la cote moyenne 180[1], la même que celle des terrasses supérieures de la vallée de l'Aire depuis Aubréville jusqu'à Buzancy[2]. Ces terrasses de la cote 180 se suivent encore au Nord de la basse vallée de l'Ornain, de Laimont à Vroïl, qu'elles dominent de 40 à 70 mètres. Peut-on admettre que l'Ornain est le prolongement de l'Aisne[3]? que la Voire, qui coule dans l'Aube, coulait dans la Vière? etc., de fil en aiguille.

Mais ce qui frappe dans ces alignements de rivières dont nous ne voyons plus aujourd'hui que les tronçons tellement séparés qu'on n'ose plus les baptiser, c'est leur direction analogue à celle de la Meuse vers le Nord de la Champagne et la Thiérache semés des témoins des mers tertiaires qui ont aussi couvert l'Ardenne. Elles aussi et plus encore que la Meuse, puisqu'elles sont les premières victimes, couraient d'une façon chanceuse vers la mer des Pays-Bas, malgré l'inquiétante marche de la dénudation dans le bassin parisien. La Champagne n'a pas toujours été ce palier de niveau inférieur à l'Argonne et au Barrois que nous voyons aujourd'hui. Tous les cours d'eau champenois ont subi au moins 100 mètres de descente,

1. Bar et Vassy, 1/80 000 géol.
2. G. Dollfus. Structure géologique du bassin parisien, *Ann. géog.*, t. IX.
3. M. G. Dollfus, Article cité.

car près de 100 mètres d'épaisseur du terrain crétacé ont été enlevés au-dessus de la Champagne [1]. D'après la disposition des silex roulés qui entourent l'Ile-de-France, il semble que celle-ci soit, sauf les témoins avancés qui marquent des golfes, à l'emplacement près où les mers tertiaires battaient le rivage crétacé, de sorte qu'aujourd'hui nous voyons les dépôts marins et lacustres de l'Ile-de-France dominer l'ancien rivage, la plaine champenoise. Mais si les rapports d'altitude ont été complètement inversés, les cours d'eau affluents de l'Océan ont persisté en s'enfonçant sur place dans leur marche offensive vers l'amont. C'est l'Aisne qui n'est qu'à 50 mètres à Pontavert à l'entrée de l'Ile-de-France, c'est la Marne qui n'est qu'à 70 mètres à Épernay et à 90 mètres à Vitry, ce sont ces rivières sécantes qui ont déterminé l'évolution des anciennes rivières à tronçons tangents au bassin parisien. En particulier le Perthois, ce delta alluvial situé entre Vitry, Saint-Dizier et Maurupt, au vestibule de la zone de dénudation comprise entre les collines de l'Argonne à Beaulieu et Passavant et la rive gauche de l'Ornain où la dénudation a été moins intense, est l'effet d'une véritable effraction opérée par la Marne dans les ceintures extrêmes du bassin parisien.

1. Reims, Châlons, Arcis, 1/80 000 géol.

CHAPITRE VI

Jonction de la vallée lorraine de la Meuse
avec la vallée ardennaise.

Il est impossible d'abandonner l'examen de la
vallée de la Meuse au seuil de l'Ardenne. L'ancienneté
ou la date récente du passage de la Meuse à travers
l'Ardenne est une question pressante impliquée dans
tout ce qui précède. Au reste la différence du bassin
ardennais de la Meuse et du bassin lorrain forme un
contraste qui saute aux yeux. De ce côté-là un réseau
d'affluents qui s'étend en largeur depuis la Sambre
jusqu'à l'Ourthe et l'Amblève, un bassin de forme
trapue, et de ce côté-ci un long ruban de rivière de
250 kilomètres sans affluents de grande extension.
Ces deux sections du bassin ont-elles toujours été
solidaires? Quelle est la nature de leur jonction?
Peut-il y avoir eu capture d'une Meuse de la Champagne ou de la Thiérache par une Meuse ardennaise?

Comment une Meuse, dirigée vers le bassin parisien où la dénudation a été intense et rapide et a créé des niveaux de base ravageurs, se serait-elle laissé prendre par une rivière ardennaise d'érosion lente? N'est-il pas infiniment plus probable que la direction de l'Ardenne est originelle et que c'est le ralentissement de l'érosion sur l'Ardenne qui a permis aux cycles d'érosion plus rapides qui s'accomplissaient tant du côté du bassin parisien que du côté du Rhin de transformer la Meuse en une vallée témoin?

L'école d'Élie de Beaumont attribuait le passage de la Meuse à travers l'Ardenne à une fracture préexistante, comme le fait encore la notice de la feuille géologique de Givet. La théorie de l'érosion fluviale ne tient plus que rarement compte de cette explication par fractures autrefois universelle. La force de la pesanteur, l'attraction du niveau de base permettent aux rivières de scier les obstacles que les progrès de l'érosion font apparaître sous leur lit. Dans le cas de la Meuse on se trouve en présence de deux ordres d'idées. Une minorité (M. G. Dollfus, Rutot) imagine que la Meuse aurait contourné le bloc de l'Ardenne par la vallée de la Sormonne et la vallée de la Sambre et qu'elle aurait été captée par la Meuse de Dinant, rivière ardennaise. La majorité des auteurs (Heim, Reclus, La Vallée-Poussin, W. M. Davis, Lapparent,

Cornet) estime que la Meuse a coulé de tout temps par-dessus l'Ardenne, et qu'elle y est descendue au niveau où nous la voyons aujourd'hui, par une lente incision causée par son niveau de base, mécanisme baptisé épigénie ou surimposition. Mais dans cette appréciation commune du fait deux théories se présentent. Pour les uns (Lapparent, W. M. Davis) l'Ardenne se serait lentement relevée et l'approfondissement de la Meuse aurait nécessairement marché de pair avec la surrection de l'Ardenne. Conséquemment le ralentissement de pente imposé à la Meuse par le mouvement de l'Ardenne l'exposait aux captures de la Seine et de la Moselle. Pour d'autres (Dupont, La Vallée Poussin, Gosselet, Stainier, Cornet) l'Ardenne n'aurait pas bougé, mais le plateau lorrain, aujourd'hui démantelé par l'érosion, aurait eu une épaisseur de terrains telle que la Meuse aurait pu descendre de celui-ci sur l'Ardenne comme sur un plan incliné. Les exemples de dénudation que le plateau lorrain et la Champagne fournissent à chaque pas inclinent en faveur de cette hypothèse. Toutefois comme les dépôts supérieurs de la vallée lorraine de la Meuse sont à l'altitude de 300 mètres, inférieure à la surface de l'Ardenne, on n'a pas le droit d'exclure l'exhaussement de celle-ci.

Ce sont évidemment les alluvions qui permettent

de fonder sur cette question une opinion. Si la Meuse
a de tout temps coulé par-dessus l'Ardenne, versée
pour ainsi dire du haut plateau lorrain sur l'Ardenne,
on doit trouver en aval, dans ses terrasses des niveaux
supérieurs, des galets, des roches de l'amont. Or Stainier [1] a reconnu, dans les terrasses supérieures à
Namur, à Liége, à Visé, des galets des terrains jurassiques et triasiques de Lorraine. La Meuse coulait déjà
sur son emplacement actuel avant l'époque où elle a
entamé les terrains primaires. Elle passait du Haut-
Plateau lorrain aux Pays-Bas par-dessus une Ardenne
encore enfouie. Mais les alluvions du Jura et du Trias
ne sont pas les seules. Buvignier [2] a signalé de l'alluvion vosgienne sur les côtes jurassiques qui font face à
l'Ardenne au Sud-Est de Mouzon à la cote 300 et à la
même cote sur le coteau de Fresnois, au Sud de Sedan.
D'autre part jusqu'à Monthermé, en pleine Ardenne,
Gosselet [3] a constaté l'existence de cailloux vosgiens
sur les terrasses inférieures de la vallée à la cote 200,
à 60 mètres au-dessus du niveau de la rivière. Enfin,
à l'entrée de l'Ardenne, les terrasses inférieures de la
vallée de la Meuse vers Bazeilles et Donchery présentent des sables quartzeux que Buvignier attribue à

1. Le cours de la Meuse depuis l'ère tertiaire, *Bull. soc. belge
géol.*, t. VIII, p. 86.
2. *Stat. des Ardennes.*
3. *L'Ardenne*, chap. XXVI.

la longue trituration des galets vosgiens. La terrasse moyenne de la Meuse ardennaise (200 mètres à Monthermé), celle des galets vosgiens est datée par la présence de cavernes remplies d'ossements quaternaires[1]. Il paraît donc fondé de dire que depuis le tertiaire, où se sont formées avec les débris de la dénudation lorraine les terrasses de Namur, de Liége et de Visé, jusqu'au quaternaire, le cours de la Meuse est resté constamment à sa place actuelle.

La vallée ardennaise de la Meuse présente les mêmes signes d'ancienneté que la vallée lorraine, encaissement, terrasses étagées.

A Fumay[2] la Meuse est à la cote 115, le roc à 110. A 223 mètres un forage a rencontré 44 mètres de débris diluviens. Nulle part la Meuse ardennaise ne coule sur le roc même, comme ce serait le cas si c'était une vallée récente en travail de creusement. En Ardenne aussi bien qu'en Lorraine elle coule sur un épais tapis d'alluvion (15 mètres à Fumay, 10 mètres à Verdun).

Toutefois le profil de la vallée ardennaise n'est pas régularisé comme on pourrait le croire. A la pente insignifiante du plateau lorrain, $0^m,20$ par kilomètre

1. Gosselet, *L'Ardenne*, chap. **xxvi**.
2. M. G. Dollfus, Structure géologique du bassin parisien, *Ann. géog.*, t. IX.

jusqu'à Monthermé, succède une pente moyenne de
0^m,60 à partir de Monthermé, qui ne s'amortit qu'au
sortir des terrains primaires dans les Pays-Bas. Le
fait ne prouve pas que cette partie de la vallée soit
plus récente que celle d'amont. Il s'explique par l'inégale résistance à l'érosion des roches de l'Ardenne
dont les alternances dures et tendres forment autant
de paliers séparés par des ressauts. Le sillon houiller
où coule la Sambre-Meuse de Charleroi à Namur et à
Liége, ou le calcaire de Givet fertile en grottes et en
fentes, sont de creusement plus aisé que le noyau cambrien qui s'étend de Monthermé à Fépin. Le changement de pente de Monthermé qui apparaît aujourd'hui
presque au bord Sud du noyau cambrien a dû exister
longtemps à l'extrémité Nord. C'est l'érosion remontante qui l'a conduit aujourd'hui à Monthermé, presque
à l'autre bord de l'obstacle à vaincre. Cet obstacle
vaincu, le profil de la Meuse régularisé dans l'Ardenne, un réveil de l'érosion se produira pour la
Meuse lorraine. En effet ce noyau cambrien de roches
très dures où la Meuse pénètre par des boucles vio-
lentes après l'avoir talonné deux fois à Iges et à
Mézières, a été pour la Meuse lorraine le niveau de
base régulateur qui a amorti sa pente et l'a exposée
aux captures.

Conséquemment le long de ce verrou cambrien

s'est formé, par refoulement des eaux, ce sillon liasique où s'alignent la Chiers, la Meuse et la Sormonne, où il n'est donc pas nécessaire de voir un
ancien chenal de la Meuse.

D'une manière générale la Meuse entre en Ardenne
à contre-pente des couches tant jurassiques que primaires. A partir du synclinal de Sivry toutes les
couches jurassiques se relèvent en travers de la Meuse
et tournent leur petit versant en abrupt vis-à-vis l'Ardenne. Il n'y a rien d'analogue à cette plaine de
dénudation d'une centaine de kilomètres dont les
témoins s'étendent des Vosges aux Côtes de Meuse. Il
y a entre la falaise bathonienne et l'Ardenne tout au
plus une dizaine de kilomètres, la largeur d'un sillon
d'érosion. L'oxfordien, qui a subi en Lorraine une
dénudation si intense, se présente face à l'Ardenne à
partir de Stenay sous la forme d'une rangée de collines
(Stonne 330 mètres, forêt de Signy 230 mètres), dont
l'une, la butte de Stonne, porte des grès tertiaires
qu'on retrouve sur l'Ardenne. L'Ardenne, par rapport
au plateau lorrain, n'a donc jamais été un centre de
dispersion des eaux, mais une surface sur laquelle
les eaux lorraines s'écoulaient et qui participait avec
les ceintures jurassiques contiguës aux mêmes trans-
gressions marines. Il y avait adhérence et prolongement des étages jurassiques sur l'Ardenne. On trouve

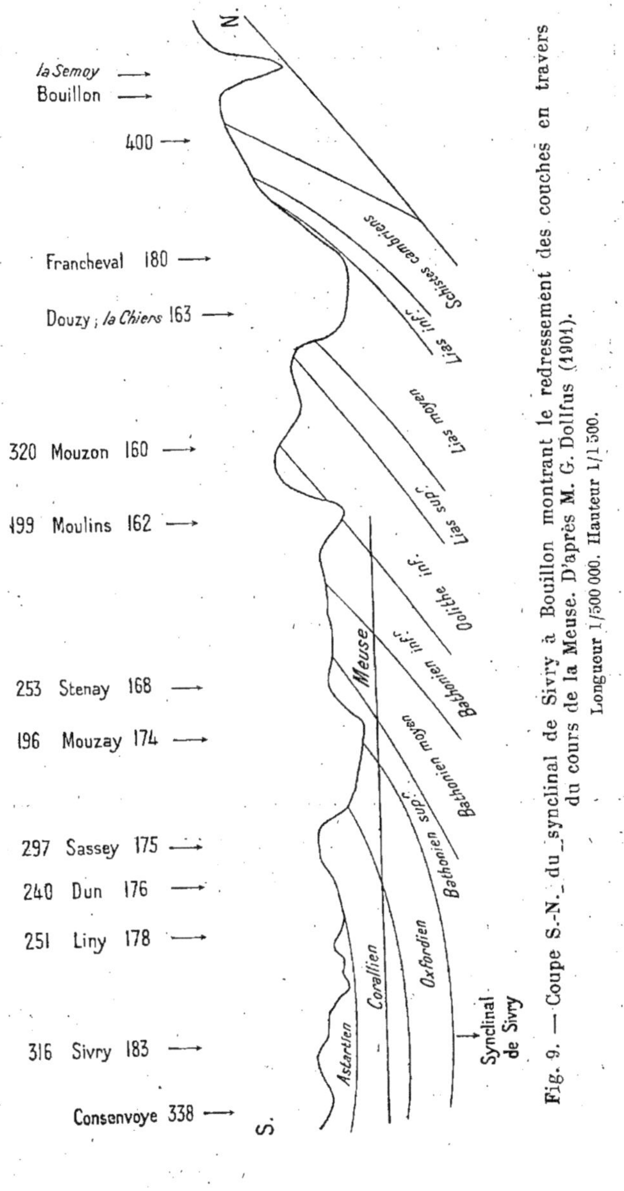

Fig. 9. — Coupe S.-N. du synclinal de Sivry à Bouillon montrant le redressement des couches en travers du cours de la Meuse. D'après M. G. Dollfus (1901). Longueur 1/500 000. Hauteur 1/1 500.

au nord de **Mézières** des témoins de l'extension liasique.

Les couches de l'Ardenne se présentent aussi inclinées vers le Sud en travers de la Meuse et fortement redressées par le ridement dit de l'Ardenne. On s'explique que les premiers observateurs n'aient pu concevoir le passage de la Meuse à travers l'Ardenne qu'en supposant une fracture. Il faut donc en venir à l'idée de la dénudation subie par l'Ardenne corrélativement avec celle du Plateau lorrain d'où venaient les rivières ardennaises. Aujourd'hui exhumée, l'Ardenne fut autrefois recouverte par le lias, par le crétacé et par les mers tertiaires dont les dépôts les plus récents se trouvent depuis l'axe de l'Artois, à travers le pays de Sambre-et-Meuse, le Condroz, jusqu'à la Haute-Ardenne[1]. Ces dépôts représentent « les dépôts marins les plus récents apportés sur les massifs primaires de la Haute-Belgique. C'est à leur surface, à mesure du retrait de la dernière invasion marine, qu'ont dû s'établir les cours d'eau les plus anciens du cycle géographique actuel[2] ». — « La présence de lambeaux tertiaires à l'Est et à l'Ouest de la vallée ardennaise de la Meuse porte à penser que c'est à la surface de ces dépôts que la Meuse a coulé et qu'elle a poursuivi

1. Cornet, *Évolution des rivières belges.*
2. *Id.*, *ibid.*, p. 318.

son creusement pendant que l'ancien revêtement meuble du pays se réduisait à l'état de témoins isolés... La Meuse ardennaise aurait été au même titre que les autres rivières à cours général Sud-Nord une des anciennes rivières conséquentes du pays[1]... » Donc, « au commencement de l'époque éocène, l'Ardenne française formait une plaine basse voisine de la mer pendant qu'une partie de la Champagne, de la Lorraine et de la Bourgogne formait le haut pays[2] ». Le cas de la Meuse serait donc analogue à celui de la Moselle et du Rhin[3] qui se sont formés à une époque où les terrains primaires étaient dominés par les terrains secondaires situés plus au Sud. Un inversement total du relief est donc en train de se produire au bénéfice de l'Ardenne, montagne des temps primaires qu'on aurait crue abolie, par-dessus laquelle circulaient les eaux lorraines, mais dont la résistance est telle que l'érosion n'a fait que l'exhumer. Il n'est pas dit toutefois que l'Ardenne ait raison de la Meuse. Si la Meuse, dont le profil à travers l'Ardenne est encore accidenté, réussit à équilibrer cette section de son cours avant d'être atteinte dans sa vallée lorraine

1. Cornet, ouvrage cité, p. 328.
2. La Vallée-Poussin, « Comment la Meuse a pu traverser le terrain ardoisier de Rocroy, » *Ann. soc. belge géol.*, t. XII.
3. Philippson, Studien über Wasserscheiden, *Mitth. d. Vereins f. Erdk.*, Leipzig, 1885.

par les affluents de la Seine, l'érosion de la Meuse
peut se ranimer sur le plateau lorrain. Le cycle de la
Meuse n'est pas clos. Encore une fois le passé peut
resurgir dans des conditions inattendues. Mais ce
réveil de l'érosion dans la vallée de la Meuse lorraine
sera pour celle-ci le coup de grâce. Nous allons voir

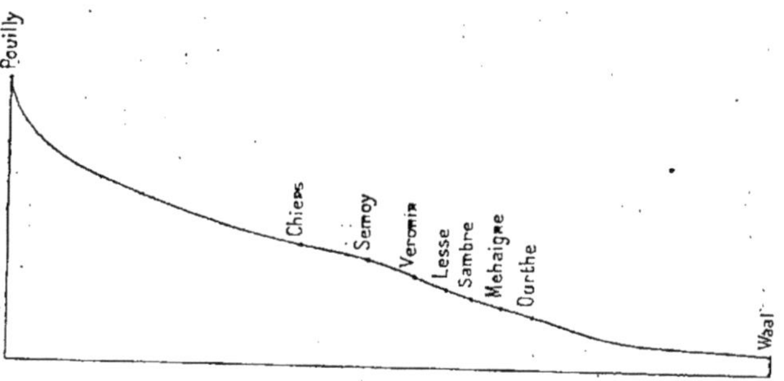

Fig. 10. — Profil en long de la Meuse d'après Cornet (*Évolution
des rivières belges*), montrant le changement de pente qui se produit après le confluent de la Semoy de 0^{cm},20 par kilomètre en
amont à 0^{cm},50 par kilomètre en aval.

dans le chapitre suivant que la Meuse lorraine conserve
des réserves d'eau grâce à l'insignifiance de sa pente
et à l'épaisseur de son alluvion (10 m. à Verdun).
Le jour où le seuil de l'Ardenne ne la retiendra plus,
l'érosion ravinera cette alluvion conservatrice et la
Meuse lorraine se videra puisqu'elle ne puise plus sa
vie à la source des Vosges et qu'elle est séparée de
ses affluents d'autrefois par l'offensive de la Moselle,
de la Saône et de la Seine.

De ces trois ennemis auxquels il faut ajouter ce quatrième, l'Ardenne au sol résistant, lequel aura raison de la Meuse? La Moselle est handicapée par rapport à la Meuse par la résistance de l'Ardenne qu'elle traverse elle aussi. La Seine est une rivière à méandres déjà très modérée. Le niveau ravageur sera la Méditerranée. L'équilibre de la Saône est trompeur et peut changer par l'approfondissement des seuils de la vallée du Rhône torrentiel. La tectonique nous révèle dans le bassin de la Saône un champ d'affaissement. Sous cette double influence des failles et de l'érosion se produiront, peut-être du côté sud du Plateau lorrain, des événements aussi décisifs que ceux qu'a produits sur la partie orientale de ce plateau la formation de la vallée du Rhin. C'est dans cette région que les conditions de voisinage paraissent le plus instables.

CHAPITRE VII

**Les Conditions actuelles de la vallée. Le Régime
de la rivière. Comment la Meuse se maintient.**

Si des origines nous nous reportons à l'état actuel,
nous voyons une Meuse privée des eaux de la Moselle,
de celle de l'Aire, des cours d'eau de la Woèvre et de
la Haye et tronquée du côté du bassin de la Saône, un
périmètre d'alimentation réduit à 7 000 kilomètres.
Et cependant la Meuse n'est pas arrivée *à la stagnation*. Elle coule en toutes saisons, elle a des crues.
Elle a donc des moyens de subsistance qui lui permettent de durer pendant sa longue carrière. D'où
vient donc la résistance de la Meuse?

Les études sur la pluie et sur le régime de la Meuse
nous fourniront les éléments d'une réponse. Mais
nous n'avons pas le manuel hydrologique de la Meuse
pour lequel, sous l'impulsion de l'ingénieur Poincaré,
le service des Ponts et Chaussées réunissait des
données. Bien plus, le service hydrométrique de la

Meuse, qui a fonctionné depuis 1858, a cessé, par économie, à partir de 1901, de coordonner ses renseignements. Il faut donc en revenir aux anciens, à Buvignier toujours, à V. Raulin, à Poincaré surtout. On a consulté en particulier les monographies des deux périodes de crues en 1869 et en 1876 dues à ses observations et l'étude du Dr Vanhove sur le bassin de la Meuse.

Mais la pluie qui tombe et les eaux de surface ne régissent pas seules le cours de la Meuse. Les eaux souterraines dans les plateaux jurassiques ont une influence aussi forte qu'elle est discrète. En ce qui concerne ces eaux, d'importantes observations ont été faites dans le bassin de la Haute-Meuse vers Neufchâteau et dans la vallée de l'Aroffe. En outre on a constaté récemment la réapparition des eaux de l'Aire sur le versant meusien (MM. Comte et Nicklès); enfin le sondage de Verdun dans l'alluvion meusienne (lieutenant-colonel Arnoux) constitue des points de repère dans cette circulation cachée.

La pluie. — A quel régime est soumise la vallée de la Meuse? Il y a, année moyenne, à Verdun 160 jours de pluie. Mais tandis qu'un maximum se présente l'hiver à Verdun, il se produit l'été à Neufchâteau. Entre ces deux extrêmes, à Commercy, hiver, été, automne apportent un contingent à peu près égal (200 millim. en moyenne).

Stations du bassin de la Meuse lorraine
et stations voisines.

Moyenne des observations des années 1881-95, d'après Vanhove (*Étude pluviométrique sur le bassin de la Meuse.*)

A. — BASSIN DE LA MEUSE.

	Altitude	Pluie		Altitude	Pluie
Pouilly	409ᵐ	864ᵐᵐ	Mouzon	160	714
Bassoncourt	346	845	St-Aignan-s.-Bar	160	987
Clefmont	460	992	Tannay	202	811
Neufchâteau	384	849	Stonne	340	984
Lamarche	401	746	Sedan	153	781
Bulgnéville	345	710	Les Ayvelles	211	792
Beaufremont	415	815	Charleville	145	772
Aillianville	429	1 057	Lannois	207	995
Contrexéville	350	891	Poix-Terron	187	1 031
Parey-sous-Montfort	390	806	Maubert-Fontaine	294	936
Châtenois	322	789	Renwez	267	913
Aboncourt	391	734	Saint-Marcel	181	995
Barville	320	963	Gespunsart	200	967
Vouthon-Bas	379	937	Monthermé	137	1 084
Maxey-sur-Vaise	256	892	Rocroy	394	1 001
Chalaines	263	632	Fumay	120	1 040
Commercy	248	850	Carignan	165	681
Kœur	334	799	Margut	172	713
Verdun	229	738	Damvillers	218	783
Charny	217	748	Montmédy	193	764
Montfaucon	350	839	Spincourt	250	738
Consenvoye	183	645	Lamorteau	193	846
Dun-sur-Meuse	247	824	Virton	235	742
Pouilly	162	755	Hussigny	323	815

B. — RÉGIONS VOISINES DE LA MEUSE.

	Altitude	Pluie		Altitude	Pluie
Langres	469ᵐ	846ᵐᵐ	Vézelise	293	785
Demange-aux-Eaux	283	821	Toul	211	688
Bar-le-Duc	186	938	Rogéville	300	740
Revigny	147	787	Bouconville	245	798
Vioménil	472	1 024	Nonsard	216	707
Monthureux	251	844	La Chaussée	218	701
Bourbonne	275	793	Haudiomont	260	698
La Ferté-s.-Amance	343	795	St-Mard-s.-le-Mont.	185	834
Mirecourt	227	695	Givry-en-Argonne	175	784

	ALTITUDE	PLUIE		ALTITUDE	PLUIE
Ste-Menehould	137	755	Buzancy	174	628
Binarville	190	693	Grand-Pré	125	799
Chaumont-s.-Aire	260	963	Vouziers	93	678
Souilly	300	964	Bairon	181	884
Chéhéry-le-Châtel	143	914			

Dans les trois stations le printemps est la saison la moins humide. La pluie étant répartie d'une façon sensiblement égale entre les saisons, un régime régulier de rivière s'en déduirait, les conditions de sol étant supposées homogènes. Le maximum d'été de Neufchâteau (saison chaude 500 mm., saison froide 400 mm., total 900 mm.) se produit sous forme d'orages qui déchaînent dans la vallée des bouillons nuisibles aux fourrages.

Les totaux de la précipitation annuelle font connaître l'influence générale du relief sur les vents pluvieux. La direction des vents de pluie les plus fréquents étant donnée, on distingue des pays que le relief expose à de grandes chutes d'eau et d'autres que le relief met à l'abri de la pluie. Or les vents du pays meusien soufflent en majorité du Sud-Ouest, puis de l'Ouest, 1/3 seulement du Nord-Est[1]. Si la Champagne est à l'abri des vents de pluie et forme une zone de minima, ces vents recommencent à déposer leur humidité dès qu'ils rencontrent la forêt

1. Buvignier.

d'Argonne (750 mm.). Il y a baisse dans la vallée de l'Aire à l'abri du vent, et recrudescence à la rencontre des côtes du Barrois (800 mm.) entre la Meuse, l'Aire et la Saulx. A l'intérieur de la zone ainsi délimitée un maximum de 900 millimètres souligne exactement la ligne de faîte[1]. Dans la vallée de la Meuse à l'abri du vent la précipitation diminue. Elle augmente sur les Côtes de Meuse (800 mm. à 900 m.), particulièrement vers Damvillers et au Nord de Neufchâteau. Enfin, dans la Woëvre et tout le long de la falaise corallienne à l'abri du vent règne franchement un minimum de 750 millimètres. Au Sud et au Nord deux maxima pluvieux encadrent la Meuse lorraine. C'est, au Nord, le bord Sud de l'Ardenne et la vallée de la Chiers qu'englobe la courbe de 800 millimètres. Au Sud, c'est le plateau de Langres et la Vôge où se forment des maxima de 900 millimètres et par places de 1 mètre d'eau. Aussi apparaît déjà l'influence prépondérante du bassin supérieur de la Meuse lorraine.

La perméabilité. — La pluviosité n'est pas le seul élément à considérer pour déterminer le régime d'une rivière. Le rapport de l'eau qui ruisselle à l'eau qui tombe sur le sol, s'évapore, est absorbée par la végétation ou par le terrain, détermine le régime. Ce rap-

---

1. V. dans Auerbach (*Plateau lorrain*) le croquis pluviométrique du dép. de la Meuse qui complète le croquis ci-joint.

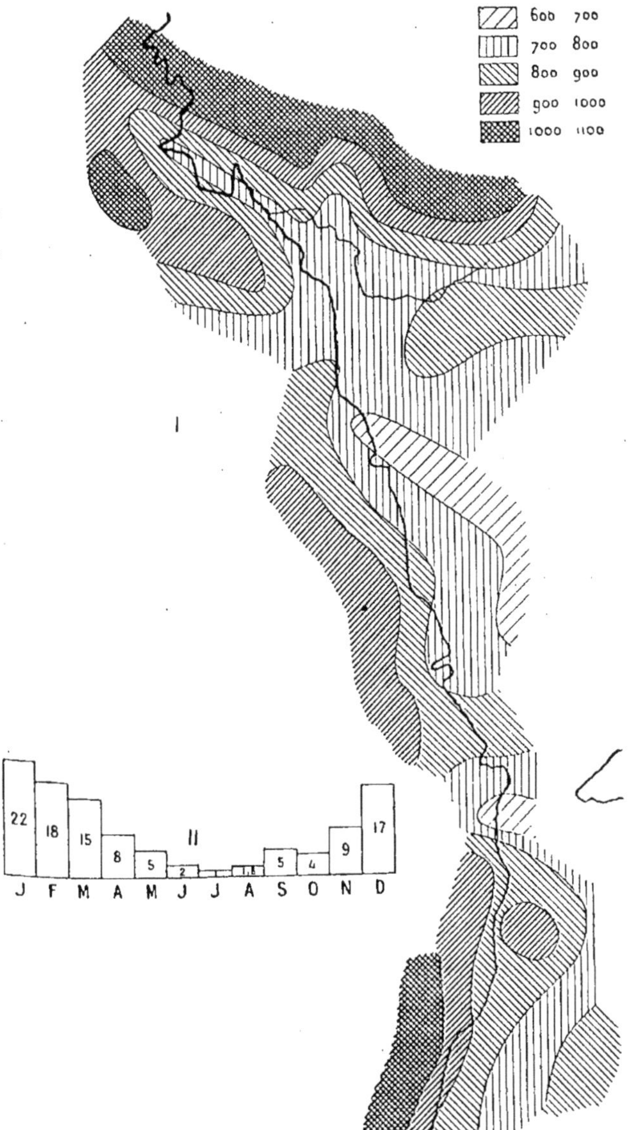

Fig. 11. — I. Croquis pluviométrique de la vallée de la Meuse, d'après Vanhove. — Echelle 1 : 700 000. — II. Débit de la Meuse à Neufchâteau d'après Garnier, dans Louis, *Le département des Vosges*.

port est en moyenne de 28 p. 100[1]. Mais il peut varier du simple au double selon que le sol est au préalable saturé d'eau ou non. Il y a des pluies de saturation dont l'office est d'imbiber le sol, et des pluies de crue qui, survenant sur un sol saturé, déterminent le gonflement de la rivière. L'hiver, où le sol est saturé, une faible pluie gonflera la rivière, tandis que, l'automne, après deux mois de sécheresse, la même pluie sera absorbée par le sol. Les terrains se saturant plus ou moins vite selon qu'ils sont imperméables ou perméables, il y a lieu d'évaluer la superficie de chaque espèce de terrain. Pour les terrains perméables, il faut rechercher si possible les résurgences secrètes par lesquelles ils rendent l'eau qu'ils ont absorbée.

Enfin la masse d'eau qui s'écoule à la surface dépend de la conformation de la vallée, largeur, pente du plafond et pente des versants.

La combinaison de toutes ces données dont, il est vrai, beaucoup sont incertaines ou font défaut (les résurgences d'eau), détermine d'une façon toujours approximative d'ailleurs le régime de la rivière.

La superficie du bassin de la Meuse de sa source à Stenay a été mesurée de 4 000 kilomètres carrés[2], dont

1. Penck.
2. Serv. P. et Ch. *Monographies des périodes de crues de 1869 et 1876* (Poincaré).

1 000 kilomètres carrés de terrains déclarés imperméables, 2 000 perméables et 1 000 semi-perméables en chiffres ronds. Les 1 000 kilomètres carrés de terrains imperméables forment une série de nappes aquifères.

Les nappes aquifères. — Ce sont, de l'Ouest à l'Est, alternant régulièrement avec des étages de terrains perméables : la nappe des argiles du gault sous la gaize, des argiles kiméridgiennes sous le portlandien, des argiles oxfordiennes sous le corallien, du lias sous le bajocien, emboîtées l'une sous l'autre comme une série de cuvettes. La Meuse coulant perpendiculairement à la pente des couches inclinées vers le bassin parisien, recoupe deux fois au Sud et au Nord la boucle du lias et de l'oxfordien. Quel est le rôle de ces différentes nappes? L'oxfordien n'envoie à la Meuse d'eaux de surface que par les affluents de la Chiers, Teinte et Loison, dans la Woëvre septentrionale et par les petits ruisseaux des Côtes de Meuse dans la Woëvre centrale. Tout le reste du réseau hydrographique des argiles oxfordiennes a été capté par la Moselle. Mais les eaux souterraines apportent un appoint certain. De Neufchâteau jusqu'en aval de Commercy, sauf interruption entre Pagny-sur-Meuse et Pagny-la-Blanche-Côte, le cours de la Meuse est établi en travers des argiles oxfordiennes qui affleurent sur ses deux rives. Les mêmes argiles affleurant dans les côtes de la rive droite, au fond des vallons de Mouilly et de Dieue, sous une masse filtrante de 100 mètres de calcaires, déterminent des sources abondantes qui coulent vers la Meuse.

Elles donnent enfin, dans la vallée même de la Meuse, des sources de fond. A ce sujet le lieutenant-colonel Arnoux, qui les a rencontrées dans son sondage de Verdun, s'exprime ainsi[1] : « Les trop-pleins des eaux de la nappe oxfordienne remontent dans les fissures du corallien, se déversent dans le fond des alluvions meusiennes et y donnent naissance à des nappes abondantes là où il y a circulation d'eau facile, c'est-à-dire dans les alluvions de cailloux vosgiens. Le corallien à Verdun constitue un barrage en travers de la vallée, un gué, et dès lors les eaux oxfordiennes poussées par les eaux souterraines d'aval, arrêtées par le barrage que forme le corallien, enfin maintenues par le plafond de cette sorte de réservoir souterrain que forment les bancs argileux rencontrés, subissent dans ces conditions une légère poussée artésienne, artésianisme que j'ai partout constaté dans les forages dès que nous avons traversé le gros banc argileux.....

1. Lettre de M. le lieutenant-colonel Arnou .

« La nappe oxfordienne donnera, vers Commercy, des ruisseaux qui coulent à la Meuse; en aval, des sources qui coulent dans les alluvions, puis des sources de fond. L'ensemble de ces sources mouille le fond des alluvions calcaires et s'écoule ou constitue des nappes de puisage abondantes dans les alluvions à gros matériaux, c'est-à-dire dans les roches siliceuses (granites, porphyres, quartzites)....

« En somme le trop-plein de la nappe oxfordienne,

Fig. 12. — Schéma hydraulique de la Meuse de Commercy à Verdun, d'après le lieutenant-colonel Arnoux.

, ruisseaux de surface; s, sources dans les alluvions; t, sources de fond artésiennes à grand débit.

dont le volume principal s'écoule vers les couches profondes du bassin de Paris, se déverse dans les alluvions meusiennes. Il mouille les sables calcaires toujours plus ou moins colmatés; mais là où les gros matériaux que constituent les galets de roches primitives lui offrent une issue, l'eau oxfordienne s'épanouit en nappes souterraines ou s'écoule dans les sortes de drains ainsi constitués. Pour obtenir de l'eau potable le seul problème est de déterminer le point où la sonde rencontrera les galets de roches primitives. »

Enfin, en aval, entre Dun et Stenay, la Meuse recoupe une seconde fois la Woèvre sur 5 ou 6 kilomètres.

Le lias forme le haut bassin de la Meuse (Bassigny) et le bassin moyen de ses affluents, Mouzon, Vair. C'est une cuvette inclinée vers Neufchâteau dont le rôle est d'autant plus important qu'avec un sol aux 3/5 imperméable correspond le faisceau d'affluents le plus considérable que la Meuse reçoive jusqu'au confluent de la Chiers et surtout un maximum de pluviosité (stations de Bassoncourt 845 mm., Lamarche 746 mm., Contrexéville 891 mm., Châtenois 789 mm., Neufchâteau 849 mm.). Ces coïncidences font du bassin dont le goulot est à Neufchâteau le régulateur[1] de la Meuse lorraine. Toutes les crues de la Meuse viennent de ce bassin supérieur où les montées d'eau du Mouzon, de la Meuse et du Vair se produisent simultanément[2]. Si donc des pluies locales ne viennent pas renforcer le flot en aval, on peut, de la station hydrométrique de Neufchâteau, « robinet » de la rivière, annoncer exactement les montées de flot aux stations aval, Commercy, Verdun, Stenay. Sur ces données a fonctionné, de 1858 à 1901, le service hydrométrique et d'annonce des crues de la Meuse.

1. Poincaré. *Monographies des périodes de crues de 1869 et de 1876.*
2. *Id., ibid.*

Toute crue supérieure à 100 mètres cubes peut être assignée avec certitude à ce bassin supérieur de la Meuse.

Le bassin en bordure de l'Ardenne montre un maximum pluvieux correspondant avec un puissant affluent, la Chiers, et avec un sous-sol aux 3/5 imperméable (Woèvre et plaine liasique). A l'entrée de l'Ardenne son secours vient à point pour accroître la Meuse, comme l'indique la comparaison des débits d'étiage, 8 mètres cubes à Stenay et 17 mètres cubes à Mézières, soit un accroissement du double sur une section de la rivière de 50 kilomètres seulement ; pour mémoire 3 mètres cubes à Vaucouleurs.

Les argiles kiméridgiennes forment une bande étroite intercalée entre les coteaux portlandiens du Barrois et les coteaux astartiens de la rive gauche de la Meuse. Elles plongent vers le bassin parisien. La Meuse ne peut donc bénéficier de leurs eaux souterraines, mais bien des eaux de surface qui, partant de la crête de la couche et coulant sur le petit versant, s'ouvrent vers la Meuse un passage à travers les coteaux astartiens.

Quantité d'affluents courts mais abondants arrivent ainsi sur la rive gauche de la Meuse.

Les niveaux aquifères les moins importants sont celui des argiles du gault, qui dans la région des battes témoins de l'Argonne fait sourdre des sources nombreuses dans la large vallée de l'Andon ; ensuite le niveau argileux de l'étage inférieur de l'astartien qui affleure à mi-côte sur la rive gauche de la Meuse au Sud de Verdun, au sommet des Côtes sur la rive droite au Nord de Verdun, et qui est baigné par la Meuse même au méandre de Chattancourt-Vacherauville (N. de Verdun).

Les pertes d'eaux. — En regard de ces niveaux aquifères, il y a lieu de tenir compte des terrains à pertes d'eau. Mais tous les niveaux aquifères ne profitent pas à la Meuse. En effet la pente des couches marneuses peut entraîner leurs eaux dans un sens opposé à la Meuse (argiles kiméridgiennes), ou bien cette pente trop inclinée peut faire passer les eaux trop au-dessous du lit de la Meuse pour l'alimenter. Aussi bien les pertes d'eau peuvent revenir ou ne pas revenir à la rivière. Il y a des pertes pour lesquelles on ne connaît pas de récupération. On connaît des pertes des affluents, que récupère la rivière principale. On connaît des pertes de rivières voisines étrangères au bassin, qui profitent à la Meuse. Il y a dans ce domaine des eaux souterraines une complexité et un inconnu tels qu'il est bien difficile d'ajouter foi aux chiffres qui expriment le rapport de la pluviosité au débit, aux chiffres mêmes du débit. Les eaux ne s'arrêtent pas dans leur lit visible à la surface. Par la pesanteur elles s'enfoncent et s'enfouissent infatigablement. Tout ce qui est soutiré à une rivière par la pesanteur et tout ce que la pression de la même force lui fait récupérer d'autre part forme une circulation cachée. Quelques points cependant sont certains.

Parmi les pertes absolues du bassin de la Meuse, on doit citer le déversement des eaux de l'Anger, du Mouzon et du Vair supérieur[1] dans le bassin de la Haute-Saône, celui de l'Aroffe (ou ruisseau de Vicherey) dans la Moselle par la perte de Gémonville[2]. Parmi les pertes à échanges d'eau dans le même bassin on connaît des pertes du Mouzon récupérées par la Haute-Meuse[3], trahies par le sulfate de chaux (gypse) que contiennent les eaux du Mouzon, une perte de l'Othain dans le bathonien récupérée par la Loison, sorte de puits artésien naturel[4]. Que penser de la perte de la Meuse à Bazoilles? Est-elle récupérée plus bas par les nombreuses sources qui jaillissent dans le lit de la Meuse à Neufchâteau?

A l'exception des pertes du Mouzon, de l'Anger et du Vair au profit de la Haute-Saône qui sont dues aux fentes du muschelkalk, toutes les autres pertes

1. Poincaré, Ouvrage cité.
2. Joanne, *Dict. géog.*
3. Poincaré, *id.*
4. Metz, 1/80 000 géol.

énumérées sont dues au calcaire bathonien maintes fois cité dans cette étude pour son rôle hydraulique, qu'il s'agisse de captures souterraines ou de captures de surface par approfondissement rapide. C'est ce calcaire bathonien qui engendre ces pays boisés et secs partiellement connus sous le nom de Haye, dans le sous-sol desquels passe une circulation souterraine. Poincaré pensait que ces calcaires fournissaient à la Haute-Meuse aux environs de Saint-Thiébault des eaux de sources prélevées par suintement sur le bassin voisin de la Seine.

Ce sont ces « sources de coteau » ou sources d'affleurement produites par une masse calcaire filtrante, dont les calcaires astartiens de la rive gauche de la Meuse fournissent tant d'exemples entre Saint-Mihiel et Verdun, aux environs des Paroches, de Dompcevrin, de Villers, etc. Une partie de ces sources de coteau peut tirer son origine des eaux de l'Aire qui coule à 10 kilomètres de la Meuse et à 50 mètres au-dessus. Un fait est certain, c'est que les eaux de la perte de l'Aire supérieure dans le calcaire astartien reparaissent sur le petit versant meusien à Cousances-aux-Bois [1].

---

1. MM. Comte et Nicklès, *Recherches d'eau pour la ville de Commercy*, communication orale de M. Comte, ingéneur des Ponts et Chaussées à Commercy.

Ainsi l'idée théorique que la Meuse coulant perpendiculairement à la pente des couches (d'ailleurs faible, 2 à 3 p. 100) devrait perdre ses eaux vers le bassin parisien[1] dans le sens du grand versant, se trouve souvent infirmée par des faits précis. Entre Saint-Mihiel et Verdun la Meuse reçoit des eaux de source aussi bien sur sa rive droite, où l'argile de Woëvre affleure dans la vallée de ses affluents, que sur sa rive gauche par le suintement des calcaires astartiens et coralliens. Il y a là une zone de sources remarquable dont les feuilles de Verdun et de Commercy (1/80 000ᵉ géol.) rendent assez bien compte, soit dans la vallée même, soit dans les vallons latéraux. D'une manière générale en aval de Neufchâteau les eaux des terrains perméables sont sur les deux versants également et uniformément drainées par la Meuse[2].

Le débit. — Nous touchons à la question capitale. Comment la Meuse résiste-t-elle à la traversée du corallien, terrain à pertes, où elle ne reçoit pas d'affluents importants? Comment son débit d'étiage s'élève-t-il de 3 mètres cubes à Vaucouleurs à 8 mètres cubes à Stenay? Comment, en temps de crue, le débit maximum reste-t-il uniforme entre Neufchâteau et Verdun, au point d'exprimer à Verdun les 8/10ᵉ de

1. Hotz, ing. P. et Ch.
2. Poincaré, Ouvrage cité.

la pluie tombée à Neufchâteau [1], à condition que des recrudescences de pluie vers Verdun ne viennent pas troubler le phénomène? Cette conservation du débit de la Meuse dans une section du cours où l'on ne voit d'abord que des causes d'appauvrissement, tient à tout un ensemble de causes : 1° la région des sources signalée plus haut entre Saint-Mihiel et Verdun; 2° la conformation de sa vallée, largeur, pente, versants; 3° la constitution du lit alluvionnaire de la Meuse.

Constitution du lit d'alluvions de la Meuse. — Nous rappellerons ici le sondage du lieutenant-colonel Arnoux à Verdun. Ce sondage, exécuté au pied de la Roche, dans l'alluvion même du lit majeur, a rencontré, à 6 mètres au-dessous de la surface de l'alluvion, une nappe d'eau puissante et claire engainée dans des galets vosgiens. Seul de son espèce par la profondeur qu'il a atteinte dans l'alluvion meusienne, ce sondage a traversé 10 mètres d'alluvion avant de rencontrer le roc. Des sondages beaucoup moins profonds ont été exécutés pour l'alimentation en eau potable des villes de Verdun et de Commercy. Ils ont rencontré dans les alluvions supérieures une nappe d'eau à des profondeurs de $1^m,50$ à 2 mètres, c'est-à-dire à des profondeurs où la communication par infil-

1. Poincaré, Ouvrage cité.

tration avec le lit de la Meuse et avec la surface de l'alluvion est certaine.

Il existe donc dans l'intérieur de ce canal argileux, profond de 10 mètres à Verdun et large de 700 mètres à 2^k,500 mètres selon les lieux. qu'est l'alluvion meusienne, deux plans d'eaux souterraines connus. Ce sont des réserves d'eaux amoncelées dans la profondeur du lit alluvionnaire et nourries soit par les eaux de surface, soit par des sources de fond. Il faut donc que ce soit cette alluvion même, où des limons argileux alternent avec des filtres de sables et de gravier, qui retienne les eaux et les préserve du contact avec les calcaires encadrants qui les absorberaient.

Les prairies qui constituent la surface de l'alluvion , montrent aussi un ruissellement typique. On rencontre partout sur le lit majeur de la Meuse des ruisseaux d'eaux vives qui suivent en général le bord de la vallée (ruisseaux de May, de Fontenoy) et ne quittent pas le plafond d'alluvions. Ils s'aliment donc soit aux nappes souterraines de l'alluvion, soit aux sources qui paraissent au jour aux bords de la vallée. Quelquefois sous le nom de Vieille-Meuse, de Morte-Meuse, placés sur le bord de la vallée opposé à celui où se trouve là rivière actuelle, ils tiennent la place que les oscillations de la rivière d'un bord à l'autre de son lit majeur lui ont fait quitter. Mais ces

« Mortes-Meuses » sont des ruisseaux qui coulent. Elles n'ont de mort que le nom, ranimées qu'elles sont par les réserves d'eaux de l'alluvion. En cela elles diffèrent des faux bras d'eaux dormantes en forme de croissant épars dans les prairies qui ne coulent qu'au moment des inondations d'hiver.

Conformation de la vallée. — Un large drain d'alluvion ainsi disposé constitue déjà un réservoir puissant. Il faut ajouter que ce canal de drainage, qui amasse des eaux et ne paraît pas en perdre, est placé dans une vallée dont la conformation est singulièrement uniforme, large vallée sans pente appréciable qu'encadrent des versants semblables où le ruissellements trouve des conditions identiques. La pente est toujours faible : en amont de Neufchâteau 0,0009 par mètre, moitié moins de Neuchâteau à Stenay 0,00045 par mètre, moitié moins de Stenay à Mézières 0,00025 par mètre [1].

Ce défaut de pente du cours de la Meuse est encore accusé par la largeur de la vallée et par les barrages naturels qui l'étranglent. De Neufchâteau à Dun la vallée de la Meuse est un long couloir, plus largement ouvert à son entrée en amont (2 km. à Neuchâteau) que dans sa partie aval, à travers les barrières batho-

---

1. P. et Ch. Bureau de Commercy.

niennes et coralliennes où son creusement au niveau
actuel semble plus récent (Létanne). C'est une sorte
de fourreau.

Entre Neufchâteau et Dun, la largeur est à peu près
constante de $1^{km},500$ à 700 mètres. Mais la vallée
s'étrangle jusqu'à 500 et 300 mètres à la rencontre des
barres formées par les roches les plus dures de l'étage
corallien : ainsi à Montbras, à Pagny-la-Blanche-Côte,
à Saint-Germain-Ugny, à Saint-Mihiel, sous la Roche
de Verdun, à Brieulles, à la sortie du corallien. De
nouveau elle s'élargit, cette fois jusqu'à 3 kilomètres,
dans sa courte traversée de la Woëvre entre la falaise
corallienne et la falaise bathonienne. Elle se ferme
ensuite étroitement à Inor et à Létanne, à la traversée
du bathonien, pour s'élargir dans la plaine liasique au
pied de l'Ardenne et se resserrer quand elle y pénètre.

Cette conformation en chapelet de bassins allongés
de la vallée de la Meuse retient et étale le flot d'inondation venu du bassin supérieur. La Meuse sort de
son lit dès qu'elle roule plus de 200 mètres cubes
(petite inondation). Ce flot aussitôt s'étale dans les
prairies, plus ou moins ralenti par la végétation et
met 4 jours à franchir la distance de Neufchâteau à
Stenay (232 km.) [1]. Aux inondations moyennes elle

_____

1. Serv. hydrom. et d'annonce des crues.

roule 400 mètres cubes et franchit la même distance en 3 jours. Elle roule quelquefois jusqu'à 700 mètres cubes et s'accélère encore, la vitesse de la crue étant fonction du débit. Mais ce flot, qui couvre les prairies de 1 mètre à $1^m,50$ d'eau, met une semaine à s'écouler à cause de la lenteur du dégorgement, dans la partie de la vallée en aval de Verdun. L'eau d'inondation filtre donc à travers l'alluvion et nourrit le plan d'eau supérieur inclus dans l'alluvion, le plan d'eau inférieur étant alimenté par la remontée artésienne des eaux oxfordiennes.

Telle est la Meuse actuelle. Ce n'est point une rivière anémiée, elle est au contraire vivace. Cette vallée en apparence trop large pour la rivière qui s'y traîne, est précisément ce qui sauve la Meuse de l'indigence puisqu'elle accumule dans son sein des réserves d'eau entre Neufchâteau et Verdun. La courbe de la Meuse est d'une grande régularité. De janvier où elle roule 20 mètres cubes à Neufchâteau, elle décroit jusqu'en juillet (3 mc.) pour remonter assez uniformément ensuite. Dans cette courbe se trahit l'influence de la saturation du sol par les pluies d'hiver. La Meuse s'élève sur un lit saturé pendant la saison froide. Pendant la saison chaude elle descend dans un lit appauvri à la rencontre des réserves d'eau qui la maintiennent. Elle s'enfouit et se gonfle dans sa propre vallée, obéissant au jeu d'un régulateur souterrain. Elle a dans sa vallée même le secret de sa survie.

Toutefois l'observation de W. M. Davis est juste si elle se borne à constater la perte de la force d'érosion de la Meuse. La Meuse est incapable du travail d'érosion qu'elle a fourni dans le passé. Elle a régularisé son lit. Elle s'est enfouie sous l'alluvion. Elle vit sur son passé, mais elle n'est pas encore au stade de la décrépitude. Malgré sa grande longueur sans affluent elle n'est pas devenue une vallée à marécages comme la Bar ou une vallée sèche comme l'Aroffe.

traits les plus durables du pays meusien. La Meuse
est restée vouée à la vie agricole et villageoise.

Si nous examinons les voies de communication
anciennes et modernes, nous verrons bien qu'elles
s'adaptent aux grands traits du relief et de la dénudation, mais nous sentirons aussi que leur orientation
change, que des cycles s'accomplissent, que le conflit
des forces économiques amène aussi des captures. Il
ne s'agit plus là d'une évolution mécanique pareille à
celle d'une rivière dont toutes les étapes peuvent se
prévoir. Il entre ici la part d'inconnu que l'esprit
humain tient en réserve dans l'ordre économique et
politique. La Bourgogne et les Pays-Bas, la France
et l'Allemagne sollicitent en tous sens le pays meusien
et mettent en lumière les propriétés qu'il offre à la
circulation. Des relations s'établissent le long de la
vallée ou au travers, selon que la prépondérance est
ici ou là. Dans la même province enfin une partie
l'emporte la Lorraine Mosellane, dont le sous-sol est
mieux doté et dont les aptitudes à la circulation sont
plus diverses. Ainsi périclite le pays meusien dont les
traits se contractent dans une physionomie où le passé
tient toute la place.

DEUXIÈME PARTIE

APERÇU SUR LA POPULATION ET LA CIRCULATION

Originalité du peuplement et de la culture; comment se groupent les maisons et les champs.

Les routes et l'évolution historique. Capture économique de la vallée.

Après avoir suivi les vicissitudes dè la Meuse et considéré son état actuel au regard du passé, il convient de se demander quelle valeur cette vallée présente au terme de son évolution, pour la vie et les relations des hommes. Ne trouve-t-on pas là aussi des conditions fort anciennes et originales? Quelles sont celles qui ont été conservées? Quelles sont celles qui ont disparu?

Si nous examinons les sites que la vallée de la Meuse offre à la population et à la culture, nous allons voir que des conditions naturelles, offertes presque d'emblée aux premières civilisations, ont fixé les

A. — La Population.

Quelque chose de clairsemé frappe d'abord dans
l'aspect du pays meusien. A une certaine sévérité de
la nature s'unit l'impression des grands espaces isolés .
et des habitations groupées. La vallée de la Meuse
est un pays de population peu dense (43 au kmq.) au-
dessous de la moyenne de la France (73 au kmq.). La
plus grande partie de la vallée depuis les sources
jusqu'au pied de l'Ardenne étant purement agricole,
cette faible densité, caractère commun des régions
purement agricoles, s'y observe uniformément. Pour
accentuer ce caractère on ne trouve que de petites
villes, Neufchâteau, Commercy, Saint-Mihiel, Verdun
et Stenay, qui seraient des villes mortes sans l'activité
des garnisons. On trouve au total dans ces cinq villes
38 000 âmes à peine. Elles doivent leur origine à une
circulation perdue comme la vallée où elles sont
situées. Un autre caractère typique du pays meusien
qui isole sa physionomie dans l'ensemble de la France,

bien qu'il soit partagé avec les départements voisins de Meurthe-et-Moselle, de la Marne et de la Haute-Marne, est la tendance presque exclusive à l'agglomération dans les villages[1]. Les fermes isolées se comptent. Le département de la Meuse est celui de France où l'on recense le moins d'habitations dispersées et ce caractère appartient si bien à la vallée de la Meuse, unité naturelle, qu'il se retrouve depuis le département des Ardennes, par celui de la Meuse, jusqu'à la partie meusienne du département des Vosges, alors que le caractère opposé se montre dans la partie vosgienne de ce département. De là une harmonie générale un peu vide qui ne se rompt qu'en deux sections de la vallée. La région de Commercy présente une densité plus forte (60 au kmq.) et une activité industrielle due à l'exploitation des carrières et à la multiplication des passages naturels et artificiels (routes, canal, chemin de fer). Quelque chose de plus ouvert aux relations extérieures se montre dans le nombre des villages qui jalonnent les cols de Commercy. Au pied de l'Ardenne enfin, à l'extrême limite de la Lorraine et sous d'autres influences que le pays meusien proprement dit, s'étend une section industrielle avec une densité générale plus forte (60 au

1. 9/10 agglomérés. Dénombrement de 1891.

kmq.) et d'importantes concentrations urbaines à Mézières-Charleville et à Sedan (métallurgie et draperie). C'est déjà là le seuil de la région ardennaise.

Le caractère agricole prédominant dans la vallée de la Meuse se trahit comme partout par la faiblesse de la natalité. L'excédent des naissances sur les décès est de 143 en 1904, dans le département de la Meuse [1]. La diminution de la population agricole dans le département est de 15 000 de 1881 à 1891 [2]. Les bras manqueraient à la terre sans l'emploi des machines agricoles et sans la main-d'œuvre étrangère (allemande, luxembourgeoise, belge). La famille paysanne volontairement restreinte par le souci de ne pas diviser un héritage déjà extrêmement morcelé, dont les propriétaires tiennent au contraire à réunir les parcelles [3], ne peut fournir généralement ces garçons de culture en blouse grise et jambières de cuir qui conduisent les attelages des charrues. Il y a cependant des familles moins aisées de manœuvres qui louent leurs bras aux autres. Mais tous sont propriétaires comme les autres et fixés à la terre; plus de 80 p. 100 des maisons dans la Meuse sont habitées par le propriétaire même [4]. Aux époques de grands travaux, à la moisson et à la

1. *Ann. stat. Int.*
2. *Stat. Agr.* Enquête décennale 1892.
3. Communication écrite de l'instituteur de Vilosnes.
4. De Foville. *Enquête sur l'habitation en France*, tome I.

fenaison, s'adjoint le journalier étranger. Tout le monde marche à la fenaison, les paysannes coiffées de la hâlette et armées du râteau comme les hommes.

A l'exception de la culture des céréales, ce n'est ni l'élevage, ni la culture des vergers, encore moins celle des bois qui exigent beaucoup de bras.

Le berger communal qui, dans les Côtes de Meuse, garde un troupeau mélangé de porcs, de moutons et de chèvres, la trompette au côté, est souvent un étranger si ce n'est l'être le plus disgracié du village. De même celui qui, dans la vallée, garde ces troupeaux de vaches laitières dont la robe tache les prairies de la Meuse depuis le Bassigny jusqu'à Sedan.

Le verger et le vignoble exigent des soins vigilants beaucoup plus que des bras. Il faut choisir avec soin l'exposition au Midi que ménagent souvent les anciens cirques de la rivière dans cette vallée de la Meuse où il y a soixante jours de gelée par an[1] et où les brouillards séjournent. La vigne même est souvent arrachée dans le Nord de la vallée, mais le verger subsiste, qui donne ces eaux-de-vie dont l'odeur s'échappe le dimanche par portes et fenêtres. La bêche, la serpe, la hotte, des échelles sont les instruments de cette

1. Passerat, Carte des jours de gelée en France, *Ann. géog.*, XI.

culture de côtes escarpées et abritées, où travaillent les femmes plus que les hommes.

Tout en haut enfin règne un plan tout à fait solitaire, les grands bois communaux qui couvrent les plateaux partagés entre les affouagistes du village voisin. Hêtres et charmes constituent les essences dominantes, de taille moyenne sur ces terrains secs. Soumis en général au régime forestier, exploités en taillis sous futaies, ils ne subissent de coupes que tous les vingt-huit ans. L'hiver, quand la culture chôme, quelques rares personnes travaillent dans les coupes.

Ainsi la campagne meusienne où aucune habitation isolée n'arrête la vue entre les clochers éloignés de 3-4 kilomètres, paraît assez vide, même aux époques où l'animent les groupes de la moisson, des labours, de la fenaison. L'œil suit sans distraction ses formes nettement modelées, sculpturales là où le corallien surgit en promontoires, et colorées de teintes différentes depuis la bande de prairies du fond de la vallée, par les labours des versants jusqu'aux bois qui noircissent le rebord des plateaux.

Tel est l'horizon agricole et forestier qui depuis les temps passés encadre cette population rurale. Il y a là une stabilité à l'épreuve des transformations économiques du voisinage. Le fait du voisinage d'un

pays de grande industrie sur les plateaux de Meurthe-
et-Moselle est tout récent et dépend de l'exploitation
du bassin de minerai de fer de Briey que les progrès
de la métallurgie ont rendue possible seulement dans
les dernières années. Des forges ont surgi de tous
côtés, le réseau de chemins de fer s'est augmenté, de
grandes gares ont remplacé des stations obscures à
Conflans, à Baroncourt. Tout ce pays jadis exclusi-
vement agricole a vu se juxtaposer la grande industrie
minière au travail des champs. Mais le pays n'a
fourni la main-d'œuvre que dans des proportions
insuffisantes. Soit rareté et cherté des ouvriers, soit
mépris du travail de terrassier et de mineur, il a fallu
recourir aux étrangers (Belges, Luxembourgeois,
Italiens surtout que des tarifs très réduits amènent
de Milan à Moyeuvre). Cette invasion de nomades
internationaux dans un bassin minier que trois fron-
tières partagent a éveillé des soucis. Pour leur faire
contrepoids les compagnies minières ont sollicité,
aidées par les tarifs consentis par les chemins de fer,
le travailleur français dans les villages de la Woëvre
et de la vallée de la Meuse, mais sans succès. Rien
ne bouge du côté des campagnes. Ainsi, malgré les
efforts faits, s'opposent, sans se pénétrer, le pays des
habitudes rurales anciennes réglées par les approvi-
sionnements régionaux, et le pays où l'industrie du fer

s'organise par de grands syndicats métallurgiques internationaux. Un pays agricole où tout se conserve s'oppose à une région envahie par les ouvriers étrangers, où les langues parlées, les délits ou les crimes commis effarent les indigènes. La Lorraine industrielle moderne rétrécit sans l'absorber la vieille province agricole et entre elles les contrastes s'avivent.

Si l'industrie ne tente pas aujourd'hui une population agricole déjà raréfiée, il n'en a pas été de même à toutes les époques. Il est certain que dans la Haute-Meuse les deux arrondissements de plaine de Neufchâteau et de Mirecourt se sont vidés au profit de l'industrie textile des Vosges, Neufchâteau de 4 600 et Mirecourt de 8 000 habitants entre les années 1801 et 1896 [1]. Cette différence tient-elle à la rudesse de l'industrie minière, qui répugne à un paysan aisé, à l'accroissement du bien-être et de l'aisance, ou à l'extrême réduction de la population agricole qui rend toute émigration impossible? Je serais tenté de voir là la vraie raison. La campagne est aujourd'hui vidée jusqu'à l'extrême limite où la culture est encore possible et même au delà de cette limite, puisque la main-d'œuvre étrangère est nécessaire.

1. Fournier, *Topogr. anc. du dép. des Vosges.*

B. — L'agglomération villageoise.

Le village où s'enracine cette vie rurale indestructible est un fait qui excite vivement la curiosité et sollicite une explication par l'uniformité de son type. Quelle est l'origine de cette vie rurale concentrée dans les villages? Est-ce quelque chose d'imposé par les conditions naturelles? Ou y a-t-il une raison d'être historique, nécessité administrative ou besoin de sécurité?

D'une manière très générale on a remarqué[1] que les nécessités de l'administration et du fisc ont pour effet d'encadrer les contribuables dans des limites fixes, de les pousser à l'agglomération, pour les compter et les surveiller. Les nécessités de police et de sécurité agissent aussi dans le même sens. Au moyen âge les faibles recherchaient la protection d'un « avoué », homme de poigne et de décision et se groupaient autour de son château. L'Église, qui pre-

1. J. Flach dans de Foville, ouvrage cité, introduction du tome II.

naît l'homme du berceau à la tombe, groupait autour d'elle son troupeau. La circulation des marchands enfin choisit les routes les plus sûres, les dépôts les mieux achalandés, elle noue des relations, elle agglomère les hommes comme les grains de sable se déposent dans les parties tranquilles d'un cours d'eau. Bref le développement de l'administration, des grandes institutions sociales et du commerce paraît pousser à l'agglomération. Il y a une tendance à la centralisation qui est l'effet de toute institution puissante. Ces raisons sont sérieuses. Mais les campagnes où la circulation est lente et les rapports bornés échappent longtemps à l'administration et sont rebelles à la centralisation. Elles sont impénétrables très longtemps et plus longtemps encore inassimilables. Le campagnard appartient à son coin de terre où il naît, vit et meurt. Les marchés et le service militaire l'appellent seuls au dehors. Il y revient toujours. C'est le suprême de la civilisation quand le campagnard cherche à devenir un fonctionnaire ou un citadin et à nouer d'autres rapports que ceux qui l'attachent à la terre. Des siècles d'administration civile et ecclésiastique n'ont pas changé essentiellement l'état d'habitations éparses qui est celui de la majorité des campagnes françaises.

On a fait appel aux périodes d'insécurité que signale

l'histoire et qui ne sont pas niables, crise que traversa la civilisation gallo-romaine avec l'infiltration des barbares dans l'Empire, l'anarchie féodale du xe siècle, l'état de guerre du xive siècle, l'état de guerre du xviie siècle pour la Lorraine en particulier, où il dura une soixantaine d'années, jusqu'au traité de Ryswick. C'est le brigandage permanent avec l'état de guerre, la crainte des bandes de détrousseurs de grands chemins qui aurait poussé les paysans lorrains à se serrer les uns contre les autres. Singulière idée en vérité qu'aurait eue Jacques Bonhomme de s'installer sur les routes, et beaucoup plus propre à appeler sur lui, sa femme et ses biens l'attention des soudards que s'il était resté à l'écart. Comment était-il possible de défendre ces villages qui ne portent pas de traces de fortifications, comme certains villages du midi de la France, et qui n'étaient même pas défendus par le site? Les estampes de Callot nous montrent l'incendie et le pillage de villages lorrains tout pareils à ceux d'aujourd'hui. Les documents relatifs à l'histoire de Jeanne Darc [1] nous montrent cependant que certaines précautions étaient prises. L'église en particulier servait d'abri précaire aux gens et au bétail. A Domrémy existait une maison forte où l'on conduisait le bétail et

[1]. Voir « Jeanne Darc » de M. Petit-Dutaillis, dans *Hist. de France* de Lavisse.

dont le père de Jeanne Darc avait l'entretien. Mais que ces moyens n'avaient qu'une efficacité toute relative, c'est ce que montrent les gens de Domrémy eux-mêmes qui, en 1428, s'étaient tous enfuis à Neufchâteau. C'était bien là la règle générale. En cas de panique sérieuse bêtes et gens cherchaient asile dans les bois ou dans les villes fortes. En 1814 et en 1870 encore les paysans de l'Est s'enfuyaient dans les bois.

Il n'y a pas de doute que l'état actuel des campagnes ne date d'un passé plusieurs fois séculaire. Il y a peu de catastrophes ou de crises historiques qui puissent changer l'assiette d'une population rurale fixée au sol par la culture. À la première alerte le paysan se sauve dans des refuges qu'indique la tradition (les lieux dits camps romains) ou dans les forêts avec son bétail. Le village brûle. Il y revient et le rebâtit à côté parce qu'il n'y a pas moyen de le bâtir ailleurs et parce que son corps et son esprit sont imprégnés de la glèbe natale. Il appartient à son héritage corps et âme.

L'aspect du village meusien ne trahit pas des préoccupations de sécurité, tout au contraire, et l'on pourrait admirer la confiance des gens qui l'ont bâti dans la tranquillité des campagnes. Ses maisons dévalent sur le versant d'une côte, au pied des bois, au milieu des vergers et des vignes. Au-dessous des grands labours vous voyez celui dont les toits brillent au milieu des prairies. Ce sont des préoccupations d'existence agricole qui apparaissent dans le choix des emplacements. Les abords sont aisés, sans haies d'arbres, sans chicane, en terrain découvert. Le village s'ouvre de toutes parts vers les champs et de loin le clocher le signale. Rien de rébarbatif, rien qui trahisse le guet ou la méfiance. De toute antiquité le village meusien est à la même place où quelque source a fixé les Celtes (Douix, Douaumont), où quelque villa gallo-romaine, origine de la plupart de nos villages, s'est élevée au centre d'une exploitation, à la place où des moines connaisseurs ont élevé une abbaye et groupé des villages pour en exploiter les revenus. Les racines celtiques de *douix* (source) et de *magus* (champ, Noviomagus, Neufchâteau), ainsi que les terminaisons latines en *acus, curtis, villa,* se retrouvent dans la plupart des noms de lieux de la Meuse[1] (Sampiniacus, Tilliacus, Carnicus, Novovilla, Sorciniacus, Bannuncurtis : Sampigny, Tilly, Charny, Champ-Neuville, Sorcy, Bannoncourt). Toutes ces villas ou ces domaines des particuliers (terminaisons en *acus*) furent vers le ixᵉ siècle dotés de chapelles et commencèrent à devenir des villages. Si l'histoire

---

1. Spruner-Mencke, *Atlas historique.*

des campagnes pouvait être écrite, on y retrouverait comme une alluvion successive déposée aux bons endroits où la source est pure, où la forêt défrichée livre des terres aisément cultivables, où l'exposition au soleil fait mûrir les fruits, où le poisson et le gibier abondent, le Celte, le Gallo-Romain, le serf des abbayes du moyen âge.

Toutefois des préoccupations militaires ont existé à certaines époques, mais localisées à certains points. En raison même des préoccupations économiques et pour assurer le bien-être naissant, il faut que la forteresse veille. Les Celtes avaient des observatoires, des Dun, auxquels a succédé la forteresse féodale. A Verdun, à Neufchâteau, à Dun, des quartiers marchands dévalent sous la forteresse vers la rivière ou vers la route. Mais ces forteresses, nombreuses dans le Xaintois et dans la vallée de la Moselle, cœur du duché de Lorraine, se font plus rares dans la vallée de la Meuse, long pays à l'écart, qui bénéficiait pour sa sécurité de son manque d'épaisseur entre Lorraine et France. Ce n'était pas une proie qui tentât l'envahisseur. On le traversait sans y songer. Dom Calmet cite les anciennes forteresses de la Meuse de tout âge, mais toutes bâties sur des points de passage : Clefmont et La Marche romaines, La Mothe féodale dominant le Bassigny à l'entrée de la Lorraine Mosellane; Verdun et Dun celtiques dont les roches dominent des gués ; Commercy, Sampigny, Kœur et Vertuzey féodales bâties entre les deux Barrois, Stenay enfin, qu'il faut ajouter, moderne à la frontière de Lorraine. Si donc quelques lieux du pays meusien ont conservé une empreinte militaire, ils datent des Celtes, des Romains, de la féodalité, en grande majorité.

Le village lorrain est essentiellement routier. C'est la grand'route qui est à la fois la rue et la cour du village. Les charrettes, les hommes et le bétail du troupeau ou des attelages, tout rentre par la route vers les trois ouvertures successives que présente chaque maison, la porte cochère de la grange, la porte de l'étable et une porte à peu près semblable pour les gens. Trois couloirs dans chaque maison correspondent à ces trois portes pour la paille et le foin, pour les bêtes, pour les gens. Ce compartimentage en trois cellules se reproduit autant qu'il y a de maisons appuyées l'une contre l'autre, de sorte qu'on a l'impression d'une collectivité régulièrement divisée, impression conforme d'ailleurs à celle que donnent les zones de cultures soumises à l'assolement triennal qui s'étendent autour du village. Derrière les maisons, des jardins, mais partout l'horizon des labours vers lesquels s'ouvrent des rues annexes remplies par les trains de culture. C'est sur la route que vit le village,

route flanquée de deux larges accotements en dévers où
un rythme régulier reproduit, devant chaque maison,

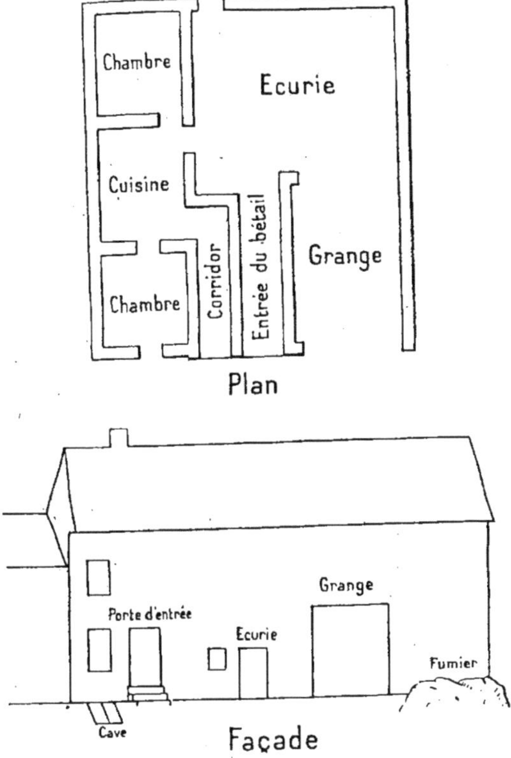

Fig. 13. — La maison meusienne, d'après de Foville.

la trappe de la cave sous la porte des gens, le tas de
bois et le tas de fumier parmi les grands chariots à
ridelles qui parquent le long de la route. Le lavoir, la

fontaine, la mare où passe le bétail, la forge toujours présente dans ce pays de chevaux de labour complètent l'animation de la scène. Quelques tableaux sont à remarquer, comme le retour du troupeau communal où, au son de la trompette, des escouades hétéroclites de bétail se séparent et se pressent vers la porte de leurs étables respectives; l'heure de l'abreuvoir qui remplit la rue de joyeuses pétarades, et enfin le sacrifice sur la voie publique, que ramène chaque saison d'hiver, du cochon indispensable à chaque foyer.

Tout cela compose une harmonie rurale dont l'eau est le principe. Par nécessité l'habitation et l'étable se fixent à proximité de la fontaine et de l'abreuvoir. Or dans la Meuse comme dans l'ensemble de la Lorraine, pays de plateaux calcaires, l'eau ne sourd qu'à certains niveaux et en certains points. L'ensemble du pays est sec et n'offre pas le ruissellement diffus des pays granitiques par exemple, qui permet à l'habitation de se disperser impunément. Il faut que les habitations se localisent autour de l'eau. L'agglomération des maisons est une condition imposée par la nature.

Cette loi de l'eau se vérifie curieusement dans la vallée de la Meuse. Ainsi, au Nord de Verdun, la nappe inférieure argileuse de l'astartien a subsisté au sommet des côtes, tandis qu'elle a disparu par érosion au Sud. Aussi parmi les labours qui couvrent cette partie des côtes d'un versant à l'autre, des villages de plateau (rareté ailleurs) apparaissent, comme Beaumont, Louvemont, Douaumont. Des fermes se dispersent, puisque l'eau est partout (Fermes Haudiomont, Thiaumont, Ormont, Sion, etc.); inversement dans les Côtes de Meuse au Sud de Verdun, sur les calcaires secs de l'astartien entre Ornain et Meuse, sur les calcaires secs du bathonien de la Haye, au Sud des branches de la Moselle en particulier, règne la forêt et se font rares les villages en raison de la sécheresse du sol.

Le même fait se vérifie avec plus d'ampleur dans l'alternance de plateaux secs et de plaines humides, ceintures variées du bassin parisien, au travers desquelles est creusée la vallée de la Meuse. Les villages et par conséquent la population tout entière s'agglomèrent suivant des lignes très nettes qui sont les niveaux aquifères du pays. La question de la pollution des eaux de source si fréquente dans les campagnes prend donc pour tous ces villages une importance capitale[1].

Ces lignes de villages sont de l'Ouest à l'Est :

1° *Les villages du Dormois*, situés sur les pitons de gaize entre Aire et Meuse (Montfaucon, Vauquois) ou

---

1. Voir Imbeaux, *Les niveaux aquifères en Meurthe-et-Moselle.*

au pied de ces pitons (Andevanne, Cunel, Nantillois).
Ils puisent l'eau soit au niveau de la gaize et du gault,
soit au niveau des sables verts.

2° *La ligne des argiles kiméridgiennes*, au pied des
coteaux portlandiens. Tapis dans des niches creusées
par les sources au pied des coteaux portlandiens se
montre dans le Verdunois une série de villages (Nixé-
ville, Sivry, Béthelainville, Montzéville). En suivant
vers le Sud le ruban de ces argiles on rencontre les
villages de la haute vallée de l'Aire et de ses affluents
dans une région où les coteaux portlandiens sont
largement ébréchés par des cours d'eau (Souhesme,
Lemmes, Souilly, Heippes, Chaumont, Pierrefitte,
La Vallée, Nançois) dont plusieurs radicaux indiquent
l'idée de source (Somme, Nant). Plus au Sud encore,
dans la région où les buttes témoins du portlandien se
rapprochent de la vallée de la Meuse, l'ancien pays
du Blois suit la direction de ce ruban d'argiles (Ménil-
la-Horgne, Broussey, Naives-en-Blois, Mauvages,
Rosières-en-Blois). Enfin l'ancien pays de l'Ornois
s'adapte à cette zone (Delouze, Houdelaincourt,
Bonnet, Tourailles, Cirfontaines-en-Ornois).

3° *Les vaux de Meuse.* — Ce nom mérite d'être étendu
du pays des Vaux qui entoure Vaucouleurs, aux vaux
du même type, courts et fréquents qui se succèdent
tout le long de la Meuse. En réalité ces vaux sont un

trait général de la topographie de ce pays où de fortes côtes encadrent les vallées. On en trouve dans la nomenclature de la vallée de l'Ornain (Vaux-la-Grande, Vaux-la-Petite) comme dans le reste de la vallée de la Meuse (Benoitevaux, Vaux-les-Palameix). Sur la rive gauche de la Haute-Meuse ils dévalent quelquefois de près d'une centaine de mètres sur une dizaine de kilomètres.

4° *La vallée de la Meuse*. — L'aire d'inondation de la Meuse empêche l'établissement des villages au milieu de la vallée même. On les trouve sur les terrasses inférieures où ils cherchent par des puits les nappes d'eau de l'alluvion. Ils se font vis-à-vis sur les gués de la Meuse, gués de toute antiquité remarquablement stables parce qu'ils sont à fond de roche (Bras et Charny, Dieue et Ancemont, Sampigny et Mécrin). Ils se pressent souvent le long des boucles de la Meuse parce que les gués s'y multiplient et que les labours profitent de bonnes terres alluviales. Sur une seule boucle de la Meuse et sur les deux rives on trouve Vacherauville, Champ-Neuville, Marre, Chattancourt, Cumières, six villages. Ils se font plus rares sur les boucles où le corallien affleure seul (Sorcy). Sur la boucle de Saint-Germain-sur-Meuse la traversée de la Meuse par l'ancienne Regia-Via, dont parle Dom Calmet, a fixé vis-à-vis l'un de l'autre

Saint-Germain (Travia), Ugny et Ourches. Enfin les moulins à eau autrefois très nombreux dans cette vallée de tout temps agricole ont contribué à l'agglomération (les moulins du quartier Saint-Airy à Verdun, ceux de Commercy, Charny, etc.).

5° *Le pays sous les Côtes.* — Les villages s'y pressent en alignement régulier dans la région des fausses côtes de Damvillers, au pied des vaux qui dévalent les pentes (Bezonvaux, Vaux, Ronvaux), au pied du promontoire de Hattonchâtel, qui domine une côte de vergers et de vignobles, au pied des côtes de vignobles des environs de Toul (les grandes côtes), au débouché des vaux de Commercy et de ceux de la Haute-Meuse. Les vergers et les vignes le long des escarpements des côtes sont la richesse de ces villages, bien exposés au soleil et à l'abri des brouillards qui remplissent la vallée de la Meuse. Ils diffèrent par ce genre spécial de culture et en conséquence par le moindre étalage de fumiers des villages purement agricoles de la Woëvre et de la Meuse. Ils se placent là où jaillissent les sources au contact du corallien et de l'oxfordien, ainsi Eix, Soumazannes, Ornes aux noms caractéristiques, à l'Est de Verdun.

Au Sud de la vallée de la Meuse la plaine liasique riche en ruisseaux correspond à un ancien pays, le Bassigny, où les villages se multiplient, localisés aussi par l'antique industrie du fer qui s'approvisionnait sur place aux minerais de fer du lias (Breuvannes). La corniche qui suit la rive gauche de la Haute-Meuse est un palier formé par le lias moyen. Des villages jalonnent le niveau d'eau qui s'y trouve (Clefmont, Maisoncelles, Huilliécourt).

Au Nord de la vallée lorraine de la Meuse on remarque les lignes des villages suivantes :

1° Au contact des schistes de l'Ardenne et du grès infraliasique riche en matériaux de construction (Givonne, Francheval, Cons-la-Grandville);

2° A la limite de l'aire d'inondation de la Meuse et de la Chiers et le long de leurs affluents sur lesquels s'installent des forges;

3° Au pied de la falaise bajocienne et au contact du lias (Vaux, Noyers, Dom-le-Mesnil);

4° Sur les pitons de la gaize oxfordienne (Sommauthe, Stonne, Omont).

Cette revue d'ensemble des alignements de villages caractéristiques du pays meusien montre l'influence des niveaux d'eau sur le groupement de la population, répartie dans la vallée de la Meuse et en ceinture des plateaux secs. Mais ce n'est pas là la seule cause de l'agglomération.

Il en est une autre aussi importante, c'est l'extrême enchevêtrement des propriétés. La commune meusienne a une superficie moyenne de 1 000 hectares[1]. Les lots parcellaires d'un hectare et au-dessous la composent en majeure partie[2]. Dans une même propriété les lots sont séparés par de fortes distances parce que la topographie sépare nettement trois zones de culture, en bas le pré, en haut le bois communal quelquefois précédé d'une lisière de pâtis, à mi-côte les labours ou les vergers selon l'exposition ou la raideur des pentes. Les éléments de la propriété sont donc très dispersés par le site différent des cultures. Mais, dans une même zone de culture comme celle des labours, les lots se dispersent par l'application séculaire de la règle de l'assolement triennal. Le morcellement extrême de la terre en petits domaines est un fait très ancien qui date du moyen âge. La comparaison des états cadastraux et des cartulaires des abbayes a permis de démontrer dans certains cas que le nombre des propriétaires parcellaires était le même il y a trois ou quatre siècles qu'aujourd'hui.

L'assolement triennal qu'on sait pratiquer depuis le ix⁰ siècle, en particulier dans la région de la Meuse (*Chronique de Saint-Mihiel*, x⁰ siècle)[3], et qui fut maintenu sous l'ancien régime par des règlements

---

1. *Ann. stat. Int.*, 1904.
2. *Atlas stat. minist. Agriculture*, 1897.
3. Flach, Ouvrage cité.

administratifs très formels[1], paraît avoir eu une forte influence sur l'agglomération rurale. « Cet assolement devait produire une dispersion d'autant moindre des demeures qu'il en entraînait une plus grande des parcelles. Si chaque culture avait été d'un seul tenant, la rotation triennale aurait pu s'y opérer dans le voisinage immédiat des bâtiments d'exploitation. Mais cette unité de tenure aurait pu d'autant moins subsister que la pénurie des chemins et l'importance de la vaine pâture et du parcours faisaient obstacle aux clôtures. Il était donc nécessaire de rendre la culture uniforme, de faire au même moment les semailles et les moissons, d'ouvrir ainsi les champs au passage des chariots et de livrer aux bêtes un parcours continu soit après la récolte, soit durant la jachère..... On divisait donc le territoire du village en trois zones au moins (généralement une quatrième se formait de landes et de pâturages permanents, réserve pour l'avenir) entre lesquelles étaient répartis les champs dont chaque exploitation se composait. Chaque ferme devait posséder un lopin de terre arable dans chacune des trois zones pour que le paysan eût simultanément le blé d'été, le blé d'hiver et les légumineuses (pour la volaille) que produisait

1. Pognon (Instituteur), *Le paysan lorrain au XVIIIᵉ siècle* (Neufchâteau).

la jachère..... La conséquence de ce mode d'assolement se trouvait être la dissémination des parcelles et la nécessité de les exploiter d'un point central où les maisons étaient groupées et d'où rayonnaient quelques chemins, indispensables prolongements des rues [1] ». On voit donc que si les anciens règlements et l'usage actuel ont maintenu l'assolement triennal et fixé des zones de culture et de jachère où chacun avait sa parcelle, c'est pour prévenir les contestations qui seraient surgies du passage des chariots et du bétail sur le champ du voisin. Le troupeau surtout, partie essentielle du village lorrain, nécessitait la jachère et la vaine pâture que maintenaient les règlements seigneuriaux [2] et la possibilité du parcours pour atteindre ces terrains. De là cette absence de propriété clôturée qui caractérise la campagne meusienne. Tout y est à la fois propriété individuelle et propriété collective, l'un dans l'autre, et pour qu'il n'y ait pas anarchie une discipline séculaire s'est établie qui impose à tous telle culture à tel moment, à tel endroit. Pour harmoniser tous les intérêts, il s'est fait une centralisation communale, qui est bien l'œuvre des siècles. Les paysans lorrains ont pris dans ces habitudes leur solidarité villageoise.

1. Flach, Ouvrage cité.
2. Pognon, *Le paysan lorrain au XVIIIᵉ siècle.*

Le terme de centralisation n'est pas une métaphore. Rien n'est plus rigoureux que le rapprochement des maisons. C'est au village que tout se tient en raison même de la dispersion des éléments de la propriété, champs et bêtes. L'abreuvoir d'abord, la fontaine, le lavoir, le charron pour les trains de culture, le moulin qu'on trouvait autrefois dans tous les villages et le four dans chaque maison, sont les besoins essentiels de cette collectivité. Le bois communal et le troupeau communal en constituent les intérêts généraux. Des coopératives de laiterie se fondent dans la Meuse (Chattancourt). Des machines agricoles s'achètent ou se louent à frais communs. En revanche l'industrie moderne a mis au service de la propriété individuelle ce fil de fer barbelé, ronce artificielle, qui clôture aujourd'hui les prairies, les abords des villages et quelquefois les bois. On dit, d'autre part, que les paysans contemporains cherchent à se constituer un domaine compact par la réunion des parcelles. Enfin les bois se plantent sur les jachères, le bétail est sélectionné, l'assolement triennal disparaîtra un jour, les conduites en béton permettent de capter au loin les eaux pures. Un cycle nouveau commence, quand le cycle ancien se ferme dont le village meusien restera longtemps le témoin.

Ci-joint à titre d'exemples quelques types de communes rurales de toute grandeur au Nord, au Centre et au Sud de la vallée de la Meuse, d'après des renseignement fournis par les instituteurs.

1° *La commune de Vilosnes-sur-Meuse* (arrondissement de Montmédy). — La commune possède quelques parcelles de pré disséminées. La prairie (135 ha. environ) est morcelée et appartient à beaucoup de propriétaires. Le troupeau communal va dans la prairie aussitôt après la fenaison. La prairie est divisée en deux. Une partie est pâturée après la fenaison et l'autre après les regains, alternativement.

Il y a 253 hectares de bois communaux dont le 1/4 est vendu comme coupons de réserve et le reste, divisé en 25 coupes, est partagé entre les affouagistes de la commune à raison d'une coupe par an. Il y a 103 hectares de bois particuliers.

La propriété est très morcelée. Les habitants ont l'habitude de faire des échanges pour réunir les parcelles.

On pratique toujours l'assolement triennal.

Il y a des labours, mais peu de vergers. Ceux-ci sont d'anciennes vignes dont on a arraché les ceps, la vigne ne produisant plus par suite des gelées printanières.

2° *La commune de Lacroix-sur-Meuse* (arrondissement de Commercy).

Superficie 2 116 hectares.

Les biens communaux sont

8	—	de terres
7	—	de prés
698	—	de bois
1	—	de friche
714		hectares

Le reste (1402 ha.) est partagé en parcelles très nombreuses dont la superficie varie de 6 ares à 1 ha. 50.

Il y a un troupeau communal de moutons et de vaches. L'assolement triennal est pratiqué.

3° *La commune de Domrémy* (arrondissement de Neuchâteau). Superficie 899 hectares.

L'assolement triennal est pratiqué.

La propriété est très morcelée :

158 hectares de labours

8 hectares de vergers

11 hectares de vignes

60 hectares de prés naturels

500 hectares de forêt

} appartiennent aux particuliers.

Il y a eu outre un bois communal, un troupeau communal et des pâtis communaux.

Après avoir énuméré les causes les plus générales de l'agglomération villageoise, il convient de noter quelques causes particulières. Ainsi la présence du minerai de fer et de vieilles habitudes métallurgiques dans le Bassigny et dans le pays en bordure de l'Ardenne, l'abondance du bois dans les Côtes de Meuse et des oseraies dans certains vallons humides, l'exploitation des carrières de pierre de taille ont concentré, sur place des populations d'artisans. Breuvannes dans le Bassigny a une population de forgerons et de fondeurs chaudronniers qui circulaient autrefois dans toute la France sous le nom de Lorrains. Dieue, Sommedieue, Mouilly, Vaux-les-Palameix se livrent à l'industrie du bois de brosse et des paniers. Lérouville et Euville sont de richissimes communes de carriers. Le chemin de fer et le canal ont aggloméré les maisons autour des gares et des ports les plus trafiquants (Lérouville, Sorcy, Pagny pour la pierre de taille) ou des écluses fréquentées (Consenvoye, Ambly). Il n'est pas jusqu'aux forts les plus perdus de la Meuse et aux casernes les plus éloignées des villes qui ne finissent par créer autour d'eux une agglomération à laquelle sied un air champêtre. En dépit des conditions imposées par la nature aux établissements humains, les mamelons des Ayvelles, de Génicourt, Troyon, les Paroches, le Camp-des-Romains, Liouville, Gironville, Pagny-la-Blanche. Côte et Bourlémont sont habités! Autour de Verdun un indestructible béton de ciment s'aplatit sur le profil des Côtes et promet à des générations une existence solitaire.

C. — **Les Routes** et l'évolution historique de la vallée.
Capture économique de la vallée
de la Meuse au profit de la Lorraine mosellane.

Le développement des villes se lie à celui de la
circulation comme celui-ci se lie au développement
du commerce et de la politique. Des visées politiques
et commerciales dépassant le cadre des besoins locaux
se manifestent par une circulation agrandie et d'intensité croissante selon que tout ou rien justifie ces
visées. Les routes et les villes résument donc la part
qu'un pays a prise dans l'histoire générale, et si, comme
dans le cas de la Meuse, on remarque le manque
absolu d'un développement urbain moderne en même
temps que les traces d'un développement de ce genre
dans le passé, on sent qu'une source a tari. De quel
côté faut-il donc regarder pour en chercher les causes?
La Géographie d'abord qui montre les conditions
naturelles qui peuvent servir de base à un développement politique et commercial, l'Histoire ensuite qui

ajoute l'homme à la nature et montre comment ces conditions naturelles furent comprises.

Si l'on part de ce principe, on est frappé par la configuration de la vallée de la Meuse, un couloir, et par son isolement au milieu d'une double bande de forêts. Cette double bande de forêts ininterrompue sur la rive droite entre Verdun et Commercy, sur la rive gauche représentée par une série d'îlots consécutifs de dimensions plus ou moins grandes est une « Haye » forestière des mieux conservées. Des noms voisins de la Meuse comme ceux de Woèvre et de Blois expriment aussi l'idée de forêts[1]. Ces forêts de l'antique Austrasie ont été entamées par la culture partout où celle-ci était rémunératrice, comme dans le pays de Montfaucon, le Dormois, et respectées sur les plateaux secs de l'astartien et du corallien. On voit aujourd'hui les propriétaires reboiser les flancs des ravins où la culture est maigre, car la forêt est une nécessité sur ces sols secs de calcaires débités en plaquettes qui seraient sans elle improductifs. Aussi les masses forestières ont-elles fort peu varié dans leurs contours durant les derniers siècles. On peut s'en rendre compte en comparant la carte de Cassini des environs de Verdun à celle au 1/80 000e. Les bois

---

1. M. L. Gallois, Le Jarnisy, *Ann. géog.*, t. X.

sont réduits, mais subsistent partout et le coefficient de boisement du sol reste élevé dans les départements que traverse la Meuse (Vosges 35 p. 100, Meuse 30 0/0, Ardennes 17 0/0)[1]. Ce pays forestier subit de ce fait un isolement à l'égard de ses voisins de l'Est et de l'Ouest, la Champagne et la Lorraine, Metz capitale de l'Austrasie et Reims. Il s'ouvre naturellement à la circulation du Sud au Nord, mais au Nord la forêt encore règne sur l'Ardenne.

En travers de la vallée de la Meuse trois directions favorables à la circulation se signalent à l'observation :

1° Les seuils de la Haute-Meuse, qui, de Langres, mènent par des paliers géologiques distincts dans la Haye, le Xaintois et dans la Vôge.

2° Les Vaux de Commercy, qui, faisant vis-à-vis aux vaux à pente rapide qui descendent dans la proche vallée de l'Ornain, ouvrent des communications transversales faciles entre la Moselle, la Woèvre d'une part, le Barrois et la Champagne d'autre part, Toul, Bar, Châlons.

3° Les seuils au pied de l'Ardenne correspondant aux paliers géologiques de la Woèvre et du lias qui mènent du Hainaut et de la Champagne vers Metz et vers Trèves sur la Moselle et qui forment au Sud de

1. *Stat. agricole de France*, 1892.

la Forêt d'Ardenne la très vieille route de Gaule vers les pays de la Moselle et du Rhin, voie d'infiltration germanique comme le fut au Nord de l'Ardenne la route des Flandres[1].

La vallée de la Meuse n'offre nulle part la large assiette nécessaire à un développement politique propre. Elle n'en a pas eu parce qu'elle est trop étriquée. Mais elle ouvre à travers la forêt des voies naturelles. La circulation peut l'utiliser en longueur ou la recouper aux points désignés. D'autre part la rivière elle-même a une valeur propre. Au moins jusqu'à Verdun et même jusqu'à Commercy, il a toujours existé une batellerie meusienne. Quel parti les hommes ont-ils tiré de ces conditions naturelles?

Ce furent les routes gallo-romaines qui firent entrer la vallée de la Meuse dans le réseau de la circulation générale. Aux points de passage de ces routes sur la Meuse, carrefours déjà fréquentés au temps des Celtes, se déposèrent des germes qui ont produits des villes ou des villages[2] : Mouzon entre Reims et Trèves; Verdun sur la voie très ancienne entre Reims et Metz; Neufchâteau entre Langres et Toul; Void entre Reims, Naix et Toul; Meuvy entre Reims et Bâle; Saint-Germain (Travia) entre Langres et Metz par la

1. Jullian, *La Gaule*, t. I.
2. Dom Calmet, t. VII, *Hist. Lorr.*

Regia-Via. Void et Foug, sur les boucles de la Meuse, jalonnent l'ancienne communication de Barrois gallo-romain avec la Moselle. Dans le Barrois les villes gallo-romaines de Naix et de Grand, auxquelles rien ne survit sur place si ce n'est la voisine Neuchâteau, se développèrent sur les routes de Toul vers la Champagne et la Basse-Bourgogne.

Les traces de ces voies se reconnaissent encore. Celle de Reims à Metz (« voie blanche » des Verdunois) se suit dans les principales rues de Verdun qui forment l'axe de la cité (rue Châtel, rue Mazel)[1]. Celle de Langres à Toul suivait en corniche dominant le Bassigny le palier du lias moyen par Clefmont. Celle de Reims à Trèves se reconnaît à travers l'Argonne et vis-à-vis Mouzon. Dans le Bassigny seul on connaît les vestiges de trois voies romaines tracées vers la Vôge, le Xaintois, la Haye et divergeant à partir de Langres. Toute cette circulation paraissait donc se nouer à des points situés à l'Est de la Meuse, Toul chez les Leuques, Metz chez les Médiomatrices, Trèves chez les Trévires, et à l'Ouest Langres, Naix, Grand, Reims. Les grandes lignes de cette circulation s'expliquent par la répartition des peuples gaulois[2]. Les peuples villageois des

1. Gabriel, *Hist. de Verdun.*
2. Jullian, *La Gaule,* t. 1.

Leuques et des Médiomatrices se partageaient à Pagny la vallée de la Meuse, et, premier élément de la race lorraine, s'étendaient de là jusqu'aux forêts des Vosges, barrière des peuples germaniques [1]. Leurs rapports se nouaient au Sud avec les Lingons qui -exploitaient une situation commerciale exceptionnelle aux sources de tant de cours d'eau, à l'Ouest avec les Rèmes par les vallées de la Marne et de l'Aisne, au Nord-Est avec les Trévires fortement germanisés. La forêt d'Ardenne, comme celle de la Hardt et des Vosges, isolait encore cette future Austrasie. En même temps il existait une circulation du Nord au Sud qui reparaît avec insistance au cours de l'histoire et dont le premier témoignage est fourni par les nombreuses monnaies des Eburones (Liégeois) trouvées à Neufchâteau [2].

On sait la persistance des voies romaines au moyen âge, qui guidèrent la circulation jusqu'à la création des routes modernes dans les derniers siècles de la monarchie. Ce sont donc les conséquences du tracé de ce réseau qui apparaissent dans le développement des villes. Sur ces routes deux républiques marchandes attirent l'attention, Neufchâteau et Verdun, par leur importance économique et

1. Jullian, *La Gaule*, t. II.
2. Louis, *Dép. des Vosges*.

leur rôle politique, les visées politiques suivant les grands chemins où circulent les hommes et l'argent. Toutefois, dans ce développement des villes une cause purement historique ne saurait être négligée. Les XIIIe et XIVe siècles ont vu accorder des chartes municipales (ce qu'on appelait la loi de Beaumont) aux villes de la Meuse et par là le développement des villes s'est trouvé favorisé.

Neufchâteau, héritière mérovingienne de la gallo-romaine Grand, bénéficiait d'une situation intermédiaire entre Champagne, Bourgogne, Barrois et Lorraine. Elle développa sa puissance marchande et financière à l'entrée de ces seuils du Bassigny et de la Soulosse parcourus par les voies romaines, à partir des croisades qui mirent en mouvement les hommes et les marchandises sur toutes les routes d'Europe. Là se nouaient, en passant par les échoppes des Juifs et des Lombards, les relations entre le duché de Lorraine et la France, d'autre part entre la Bourgogne et les Flandres par la vallée de la Meuse. On sait d'une façon certaine[1] que les ducs de Bourgogne recevaient et expédiaient des marchandises en Flandre par cette voie naturelle de la Meuse, qu'une voie romaine suivait jusqu'à Void et de là divergeait sur

1. Siméon Luce. *Jeanne d'Arc à Domrémy.*

Metz. L'obligation qu'ils ressentaient d'un trait d'union entre leurs possessions du Nord et du Midi, leurs longues visées sur un royaume de Bourgogne qui aurait compris Toul, Verdun, la Lorraine et le Hainaut et dont la Meuse aurait été l'axe, furent la cause de la tentative du Téméraire sur la Lorraine. Mais en ce point de contacts qu'est la région de Neufchâteau d'autres influences avaient précédé celle-là. La France était depuis la réunion de la Champagne la voisine de la Haute-Meuse. L'affaiblissement de l'Empire pendant le grand interrègne du XIII° siècle lui permit d'y faire sentir son action à partir de cette époque. Au temps des Valois la frontière était à Vaucouleurs même, témoin d'une rencontre historique. De longues traditions rattachent à la France ce pays dont l'histoire de Jeanne Darc, fille du haut pays meusien, prouve à quel point il était francisé. Dans ce coin de la Haute-Meuse le seul qui restât à Charles VII dans tout l'Est de la France tombé dans les mains des Anglais, où le Bourguignon était l'ennemi, circulaient les nouvelles de France qui inspirèrent la décision de Jeanne. Le patronage de Saint-Remy de Reims s'étendait sur son village. Tout ce que l'enfance respirait dans ce coin de la Meuse venait de France, tout ce qu'elle ressentait venait du contact avec les ennemis du Royaume. Aujourd'hui que des siècles d'effacement pèsent sur Neufchâteau et sur ses environs et que la légende de Jeanne apparaît dans un pays perdu, on a de la peine à se représenter la part que ce pays prenait autrefois à la circulation générale[1]. Il en subsistait cependant un reste il n'y a pas bien longtemps dans ces chaudronniers ambulants marchands de cloches de Breuvannes qu'on connaissait dans toute la France !

L'histoire de la ville de Verdun se prolonge plus longtemps. Il y avait là un cadre préparé dans la grande région de culture du Dormois au point de la vallée où les deux bandes de forêts s'écartent le plus entre la Woëvre et l'Argonne. Un site était indiqué au pied de cette roche celtique de Verdun où la route de Metz rencontre la batellerie meusienne. C'était un point de passage et un port fluvial, entre les mains d'une association de marchands que cite déjà Grégoire de Tours, une commune marchande plus tard mais aussi une puissance territoriale et féodale, celle des évêques de Verdun qui est peut-être avec l'évêché de Liége la seule formation politique de quelque importance vraiment propre à la vallée de la Meuse. Autour et sur la Roche de Verdun, où une cathédrale romane avait déjà succédé à un temple païen, s'édi-

1. M. Bulard, L'Industrie du fer dans la Haute-Marne, *Ann. géog.*, t. XIII, 1904.

fièrent les trois abbayes bénédictines de Saint-Paul, Saint-Wamme et Saint-Airy. A l'horizon de Verdun s'élevait sur sa butte l'abbaye de Montfaucon. Toutes ces abbayes activèrent l'exploitation agricole de cette région de labours, de prés et de bois qui constituaient leurs revenus. Quatre Archidiaconés : 1° la Princerie (Verdun); 2° l'Argonne; 3° la Rivière; 4° la Woëvre, composaient le territoire de l'évêché auquel se rattachaient encore les abbayes de Saint-Mihiel et de Beaulieu en Argonne. La commune de Verdun avait au moyen âge 27 corps de métiers et presque autant d'habitants qu'aujourd'hui (13 000). C'était toutefois une moindre puissance que les cités voisines de Reims et de Metz. L'autonomie de Verdun bénéficiait de sa situation à l'extrémité du féodal et anarchique Empire. D'autre part l'éloignement de la frontière française jusqu'à l'Argonne lui permettait de tenir la balance égale entre la France et l'Empire. Depuis Saint-Louis Verdun était sous la sauvegarde des rois de France, ce qui était une façon d'assurer son indépendance contre d'autres voisins. Quand les ducs de Bourgogne intriguaient contre les ducs de Lorraine, ils pratiquaient des menées à Verdun, comme à Metz. Une habile exploitation de la situation politique permit à Verdun de retarder l'échéance fatale qui devait l'incorporer dans l'unité française comme une des premières villes à détacher de l'inorganique Empire germanique. Ce que Charles VII avait tenté réussit à Henri II. Mais la centralisation administrative du royaume de France mit fin à cette prospérité. Le régime douanier postérieur à l'annexion, prohibitif à l'égard des échanges avec la Lorraine, la concurrence de l'industrie drapière de Sedan sous le régime de Colbert, la transformation militaire de la ville qui devint une étape sur la route de Metz, en un mot l'orientation nouvelle des rapports politiques firent décliner Verdun qui n'était plus la ville libre intermédiaire entre Champagne, Lorraine, Flandres et Bourgogne.

Si l'on excepte l'évêché de Verdun, la vallée de la Meuse a présenté au moyen âge un enchevêtrement politique extraordinaire à cause de sa situation qui n'était pas nettement départagée entre la France et l'Empire. Philippe le Bel, déjà suzerain à Neufchâteau et à La Marche, prétendait que la Meuse était la frontière entre la France et l'Empire, en foi de quoi il fit signer au comte de Bar en 1301, à Bruges, un traité par lequel celui-ci se reconnaissait vassal pour le Barrois à l'Ouest de la Meuse. D'une manière générale la Meuse était bien la frontière de la France et de l'Empire, mais au Nord de la vallée cette frontière était placée sur l'Argonne ; au Sud de la vallée, de très bonne heure, la France prit pied dans le pays de Vaucouleurs. Seul l'évêché de Verdun prenait largement sa base territoriale dans la vallée de la Meuse et l'étendait d'ailleurs au loin dans les cantons fertiles de la Woëvre. L'évêché de Toul n'avait que des enclaves dans la vallée. D'une manière générale, de Stenay au Bassigny, le pays meusien s'appelait le Barrois. Mais ce terme de Barrois impliquait une véritable dualité politique. Il y avait le « Barrois mouvant », capitale Bar-le-Duc, et le Barrois non mouvant. Le premier, voisin de la Champagne, et le moins lorrain des deux, était français. Le second relevait du duché de Lorraine. Entre les deux une région de passages naturels, les Vaux de Commercy et les Vaux de l'Ornain, où se développèrent des villes en conformité avec cette situation politique.

Commercy était une douane féodale créée pour subvenir aux besoins d'un seigneur sur la route la plus fréquentée du Barrois français en Lorraine (Robert de Sarrebrück, bandit féodal du xv\ :superscript:`e` siècle).

Saint-Mihiel, né autour d'une abbaye bénédictine qui défricha le pays, devint dans ce pays de circulation active le centre d'appel des affaires judiciaires, la ville judiciaire du Barrois lorrain, établie à l'extrême limite du ressort.

Villes du passé, villes aujourd'hui purement administratives, elles ont périclité par l'orientation nouvelle de la circulation.

La vallée de la Meuse est restée longtemps une marche frontière, animée par les ambitions rivales qui s'y rencontraient, exposée par suite à toutes les vicissitudes, car elle a tourné politiquement vers tous les points de l'horizon; quand la Meuse a cessé d'être un pays frontière, la stabilité est venue et aussitôt la décrépitude l'a marqué pour longtemps de son sceau.

Elle n'a même pas gardé les avantages économiques de sa situation.

La vallée de la Meuse, qui semblait faite pour servir de trait d'union entre la Bourgogne et le Hainaut, a perdu une partie des avantages inhérents à cette situation par le tracé des canaux et par le développement de la Lorraine mosellane à l'Est.

Son développement économique auquel elle ne pouvait apporter par elle-même qu'une faible contribution a été étouffé par celui du pays de la Moselle au sous-sol riche en fer et en sel. C'est vers cette Lorraine que convergent chemins de fer et canaux comme si la vallée de la Meuse avait subi aussi une capture économique.

La branche Nord du canal de l'Est (800 000 tonnes) [1];

1. *Stat. trav. publics*, 1901.

voie de transport du charbon belge, suit la Meuse de Charleville à Pagny, mais coupe au court sur la Moselle par le seuil quaternaire de Foug, délaissant la Haute-Meuse.

La partie centrale de la vallée de la Meuse entre Lérouville et Pagny, rejointe à Void au sortir de la vallée de l'Ornain par le canal de la Marne au Rhin (1 800 000 tonnes) et riche en pierre de taille, joint à sa valeur économique propre celle d'être parcourue par deux canaux et par le chemin de fer de grand tonnage d'Avricourt. C'est le nœud puissant qui rattache la vallée languissante de la Meuse à la circulation générale.

Mais le chemin de fer parallèle à la branche Nord du canal de l'Est est d'importance minime. Les gros tonnages passent sur la ligne de Mézières, Longuyon, Conflans, Nancy, les Vosges, c'est-à-dire le long de l'axe économique de la Lorraine où les charbons belges et du Pas-de-Calais vont alimenter l'industrie du fer, du sel et du coton en concurrence avec les charbons allemands.

Le département de Meurthe-et-Moselle produisant 2 583 000 tonnes de fonte, cette production seule exige un mouvement de 19 796 000 tonnes de matières premières : minerais, cokes, charbons, chaux, le laitier surtout qui encombre les usines, circulation prodigieuse qui ne s'accomplit jusqu'à ce jour que par les chemins de fer, et que double de l'autre côté de la frontière une circulation pareille en Luxembourg et dans l'arrondissement de Metz. Ce serait un total de 52 431 000 tonnes[1] qui représenterait le mouvement des matières premières mises en œuvre, des deux côtés de la frontière, le long de cet axe économique nouveau de la Lorraine tout à fait international.

Quant à la Haute-Meuse c'est aujourd'hui un pays endormi où le passé et l'avenir possible frappent seuls la pensée. Neuchâteau est le centre désert d'un réseau de chemins de fer stratégiques propre à recueillir rapidement les transports venus des pays au Sud de la Loire, de la Seine et de la Saône, c'est-à-dire des trois quarts de la France.

En somme, le terme de détournement d'un courant économique d'une route vers l'autre est aussi justifié que lorsqu'il s'agit de rivières. Ici encore des forces inégales, somme de facteurs inégaux, richesse du sol et du sous-sol, développement et emploi des communications, régissent ces courants. L'un absorbe donc l'autre et l'activité qui décline nettement ici quelque-

1. D'après M. Saintignon (Membre de la Chambre de commerce de Nancy).

fois jusqu'à la mort apparente, ressuscite avec plus d'intensité ailleurs. Tout finit par s'adapter à des conditions renouvelées et une loi du plus fort s'impose sans trêve à la nature entière. Loi du plus fort, principe de l'évolution perpétuelle et de la conservation de la nature.

PRINCIPAUX OUVRAGES CONSULTÉS

AUERBACH (B.). *Le plateau lorrain.* Essai de géographie régionale. Paris, Nancy, Berger-Levrault, 1893.

BLEICHER. *Guide du géologue en Lorraine*, Paris, Berger-Levrault, 1887. — *Bulletin. soc. belge de Géologie*, t. XII, 1899, Compte-rendu de la session tenue à Nancy du 15 au 22 août 1898. — La vallée de l'Ingressin et ses débouchés dans la vallée de la Meuse, *Ann. de géographie*, t. X. — Le plateau central de Haye. Étude de géogr. physique régionale, *Bull. Soc. géogr. Est*, XXI, 1900. — Sur la dénudation du Plateau lorrain et sur quelques-unes de ses conséquences, *C.-R. Ac. Sc.*, 26-2, 1900.

BOBLAYE (Le Puillon de). Mémoire sur la formation jurassique dans le nord de la France (1829), *Ann. Sc. Nat.*

BOIS (Capitaine Paul). Sur les variations de la Meuse à l'époque quaternaire, *Comptes-rendus académie des Sciences*, CXXXVII, juillet 1903, p. 85-88.

BRACONNIER. *Description géographique et agronomique des terrains de Meurthe-et-Moselle*, 1883.

BUVIGNIER (A.). 1840. Note sur les alluvions de la Moselle dans la vallée de la Meuse. *Mémoires, Soc. philomathique de Verdun*, t. I. — 1842. Statistique des Ardennes. — 1852. *Statistique géol. et minière de la Meuse*, Paris.

CALMET (Dom). *Histoire de Lorraine*, t. VIII. Dissertation sur les anciens chemins lorrains.

CORNET. Étude sur l'évolution des rivières belges, *Annales Soc. belge de Géologie*, t. XXXI.

DAVIS (W. Morris). La Seine, la Meuse et la Moselle, *Annales de Géographie*, t. V.

DELEBECQUE. Contribution à l'étude du système glaciaire des Vosges françaises, *Bulletin des services de la carte géologique de France*, tome XII, 1900-1901, n° 79.

DIGOT (Membre de l'Académie Stanislas). *Histoire de Lorraine*, Nancy, 1858.

DOLLFUS (G.-F.). Relations entre la structure géologique du bassin parisien et son hydrographie, *Annales de Géographie*, t. IX.

FOVILLE (DE). *Enquête sur les conditions de l'habitation en France*, t. I et II, avec une étude historique de J. Flach, (Intr.) t. II.

GALLOIS (L.). Le Bassigny. Étude d'un nom de pays, *Annales de Géographie*, t. IX.

GODRON. Du passage des eaux et des alluvions anciennes de la Moselle dans les bassins de la Meurthe et de la Meuse, *Ann. Club alpin français*, 3e année.

GOSSELET. *L'Ardenne*. Paris, Baudry, 1888. In-4°.

HUSSON. *Statistique géologique de l'arrondissement de Toul*, 1848.

IMBEAUX (Dr Ed.). *Les eaux potables et leur rôle hygiénique dans le département de Meurthe-et-Moselle*, Nancy, 1897.

LAMOTHE (Général DE). Étude comparée des systèmes des terrasses de l'Isser, de la Moselle, du Rhin, du Rhône, *Bulletin Soc. Géologie*, 14e série, tome I, 1901.

LAPPARENT (DE). Un épisode de l'histoire de la Bar, *Ann. de Géographie*, t. VI. — *Leçons de géographie physique*, Paris, Masson, 1896.

LEPAGE ET CHARTON. *Statistique des Vosges* (Introduction).

LOUIS (Léon). *Le Département des Vosges*, description historique, statistique. Ouvrage placé sous les auspices du préfet, du Conseil général et de la Société d'émulation, et publié par Léon Louis. Tomes I à V. Épinal, Imprimerie Bury, 1887.

MEUNIER (Dr). Traces de Diluvium entre Aire et Wadelaincourt, *Mémoires Société philomathique de Verdun*, t. XV.

NICKLÈS. Tectonique des terrains secondaires du nord de Meurthe-et-Moselle, *Bull. Soc. Géologie*, t. VII.

Noe (de la) et E. de Margerie. *Les Formes du terrain.* Paris, Imprimerie Nationale, 1888, 1 vol. texte, 1 atlas.

Noel. Le géanticlinal vosgien et le géosynclinal lorrain, *Bulletin Soc. industrielle de l'Est,* Nancy, 1907.

Raulin (Victor). Déversement ancien des eaux des Vosges dans la Meuse, *Mémoires Société philomathique de Verdun,* t. XV.

— Observations pluviométriques faites dans l'Est de 1871 à 1880, *Mémoires Société philomathique de Verdun,* t. XIII.

Vanhove (D.). *Étude pluviométrique sur le bassin de la Meuse.* Mémoire couronné par l'Académie des Sciences de Bruxelles, 1904, t. LXII.

Wohlgemuth, *Recherches sur le Jurassique moyen à l'Est du bassin de Paris* (Thèse, 1883). — Note lue à l'Association française pour l'avancement des Sciences, 9 août 1889. (Sur la cause du changement de lit de la Moselle, ancien affluent de la Meurthe). Assoc. fr. pour l'av. des Sciences, Paris, 1889, IIe partie, p. 403-408.

CARTES ET DOCUMENTS

Cartes géologiques au 1/80 000ᵉ et notices des F. de Givet, Mézières, Verdun, Metz, Bar-le-Duc, Nancy, Mirecourt, Langres, Lunéville, Épinal, Vassy, Reims, Châlons, Rethel.

Chefferie du génie de Verdun. Sondage exécuté en 1905 par le lieutenant-colonel Arnoux, au Pré-l'Évêque, à la recherche d'eau potable. Croquis détaillé et types d'alluvions extraits.

Ponts et chaussées (bureau de Commercy). Service hydrométrique et d'annonce des crues (supprimé). Comptes rendus des observations centralisées (1896-1901). Monographies des périodes de crue de 1869 et 1876 (Poincaré).

TABLE DES FIGURES ET CARTES

CARTES ET PLANCHES HORS TEXTE

TABLE DES MATIÈRES

PREMIÈRE PARTIE

LES CONDITIONS ANCIENNES DE LA VALLÉE
ANCIENNE EXTENSION DU BASSIN

DEUXIÈME PARTIE

APERÇU SUR LA POPULATION
ET LA CIRCULATION

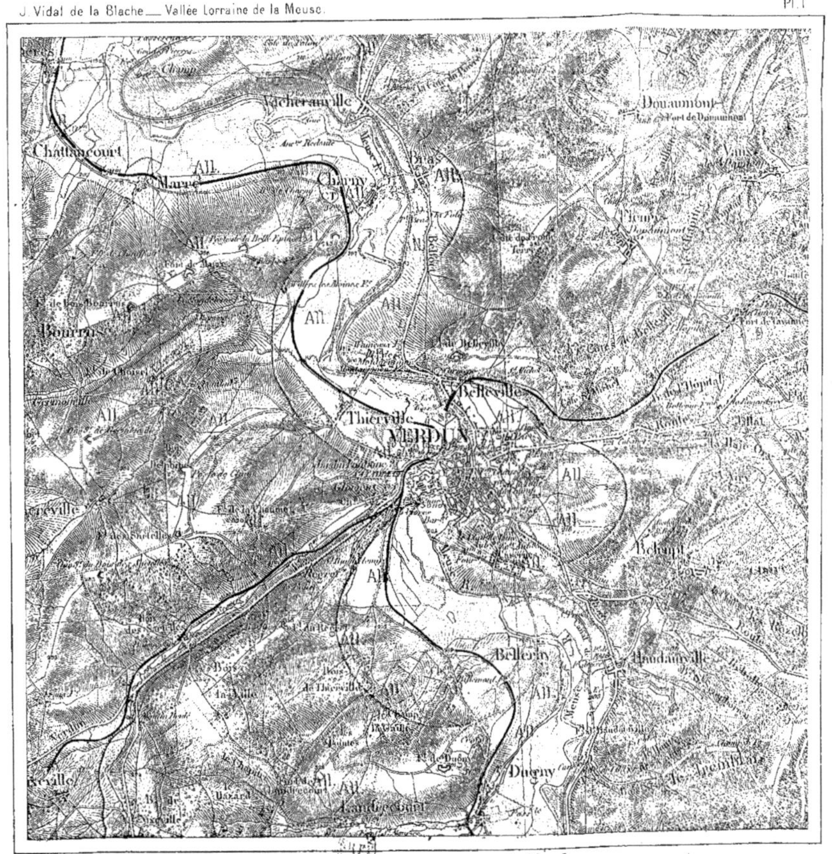

Alluvions vosgiennes autour de Verdun

Extrait de la carte au 80.000 du Service géographique.

Légende : **All** . *Alluvions vosgiennes à tous les étages.*

.... *Les anciens cirques.*

• *Sondage de Pré l'Évêque.*

voir le la Not. T. I . p. 70 et pl. V

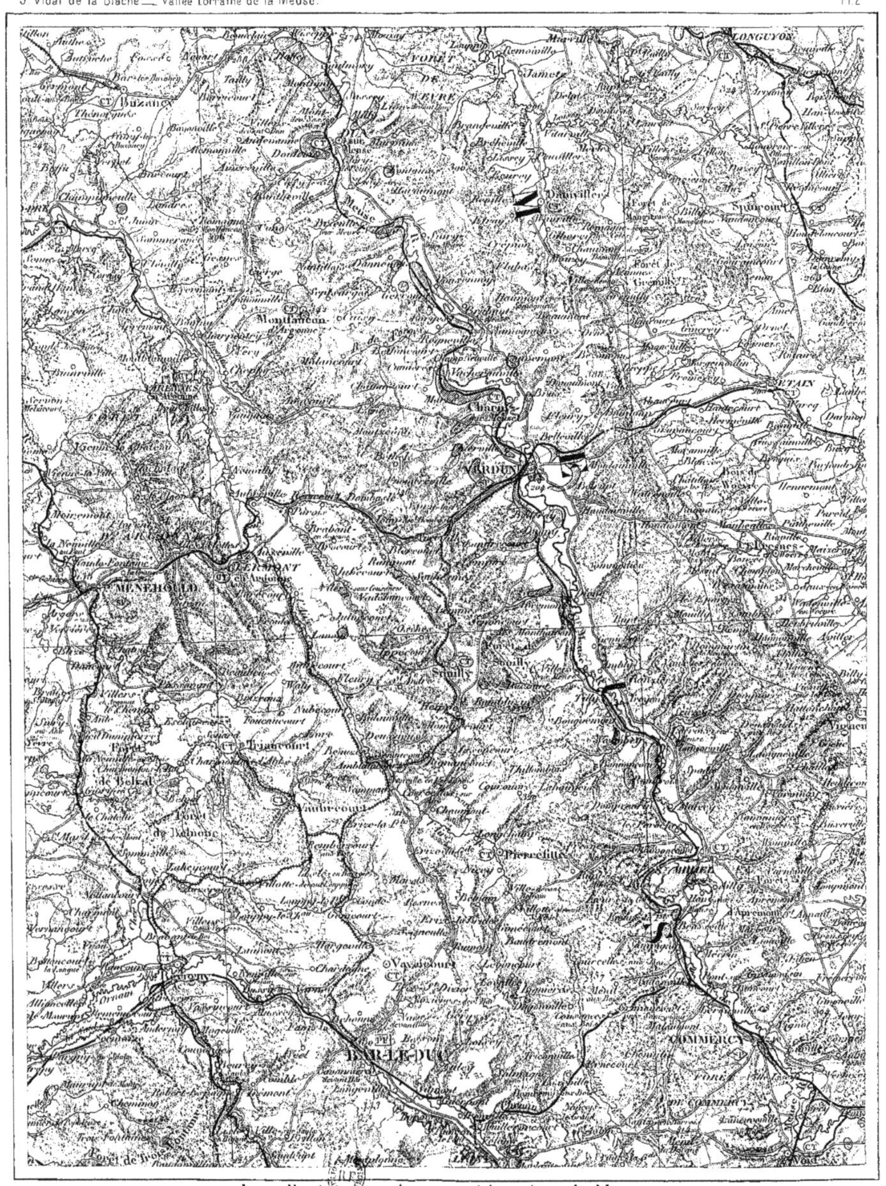

Les alluvions vosgiennes sur les côtes de Meuse

Extrait de la Carte au $\frac{1}{320.000}$ publiée par le dépôt de la Guerre.

Les alluvions vosgiennes sur les côtes de Moselle et de Meuse aux environs de Toul

Extrait de la Carte au $\frac{1}{320000}$ publiée par le dépôt de la Guerre.

La vallée sèche de l'Aroffe

Extrait de la carte au $\frac{1}{80\,000}$ du Service géographique.

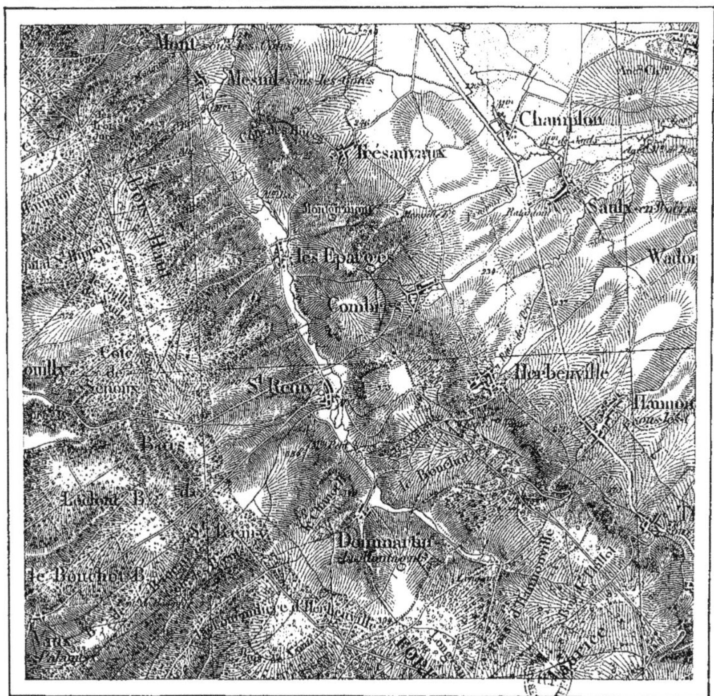

La vallée des Éparges dans les côtes de Woëvre

Extrait de la carte au $\frac{1}{80.000}$ du Service géographique.

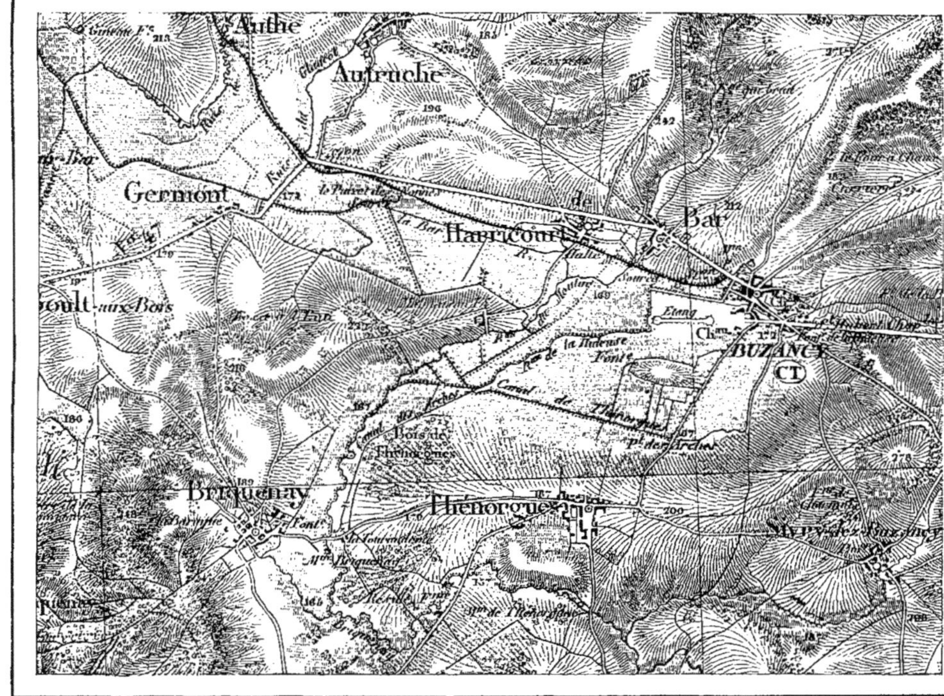

Les sources de la Bar

Extrait de la carte au $\frac{1}{80\,000}$ du Service géographique.

Le Val de l'Ane

Extrait de la carte au $\frac{1}{80.000}$ du Service Géographique.

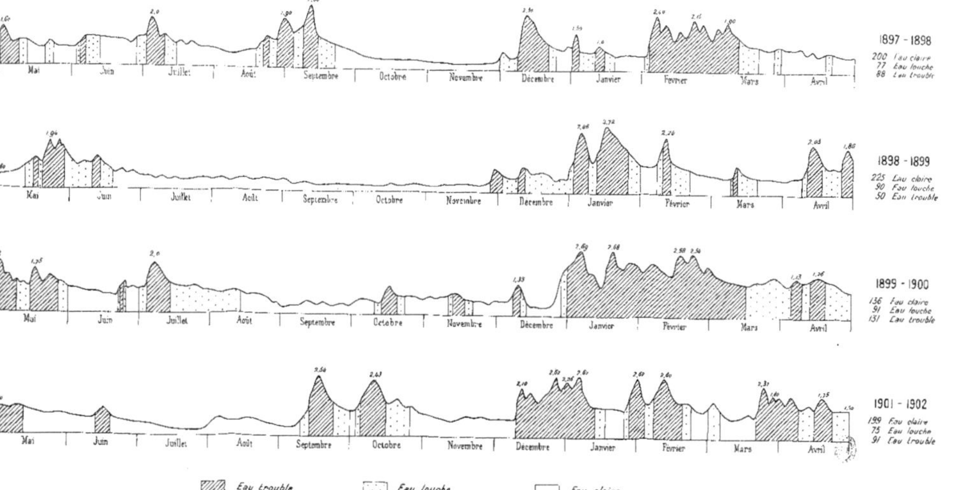

Quelques courbes des hauteurs d'eau de la Meuse à Commercy
d'après les documents du Service local des Ponts et Chaussées

9 782019 991791